R. DELOUSTAL

LES

MINES DE TU-LONG

HANOI-HAIPHONG
Imprimerie d'Extrême-Orient

1924

LES MINES DE TU-LONG

AVANT-PROPOS

On n'ignore généralement pas que certains territoires annamites formant autrefois la frontière nord de la province de Tuyên-quang, font aujourd'hui partie de l'empire chinois. Ces territoires contenaient de riches gisements miniers, et lorsque, à un moment donné, on voulut procéder à l'inventaire des richesses minières du Tonkin d'après les géographies et monographies de provinces, on se rendit vite compte que certaines mines, et particulièrement les mines de Tụ-long réputées pour leur richesse ne se trouvaient plus en territoire annamite mais en territoire chinois, depuis les arrangements conclus en 1887 par la commission de délimitation de la frontière sino-annamite. Mais ce qui est moins connu, c'est que déjà antérieurement la Chine avait essayé de s'approprier ces mêmes territoires, et que ce ne fut qu'après de longues années de réclamations, de pourparlers et d'enquêtes que le Gouvernement annamite réussit, grâce à sa constance et à sa ténacité à se faire restituer, sinon la totalité des territoires dont il se plaignait d'avoir été dépossédé, au moins le territoire de Tụ-long auquel il tenait le plus. Les géographies et notices sur la province de Tuyên-quang ne manquent pas de signaler ces événements mais de façon tout à fait sommaire. Les Annales annamites leur consacrent au contraire de nombreuses pages et enfin on les trouve très longuement exposés dans un ouvrage de Lê-quí-Đôn intitulé Kiến van tiểu Lục.

Le soin apporté par les compilateurs des Annales à établir les faits, tant d'après les documents annamites que les documents chinois, est un témoignage de l'intérêt que les Annamites attachaient à ces territoires.

Les circonstances pouvant un jour ou l'autre fournir l'occasion d'utiliser les documents se rapportant à cette restitution, nous avons pensé qu'il pouvait être intéressant d'en donner une traduction.

R. Deloustal.

Interprète en chef du Service judiciaire.

* * *

« Le 5e mois de l'été de la 8e année *Chinh-hòa* (1687 — 27e année Khang-hi 康熙), un thổ-ti 土司 (1) de la province chinoise du Yunnan s'empare de (territoires appartenant à) trois *châu* des frontières dépendant des provinces de Tuyên-quang et Hưng-hóa. »

« Les *châu* de Vị-xuyên 渭川 et Bảo-lạc 保樂, de la province de Tuyên-quang et le châu de Thủy-vĩ 水尾, de la province de Hưng-hóa, sont limitrophes du territoire du phủ chinois de *Khai-hóa* 開化. Lorsque Võ-công-Tuân (2) se réfugia au Yunnan en vue d'obtenir aide

---

(1) Thổ-ti et plus loin thổ-mục 土目, chefs héréditaires des populations indigènes de certaines provinces frontières.

(2) Võ-công-Tuấn était le descendant d'une puissante famille de chefs de clan. En récompense des grands services qu'un des ancêtres de cette famille, Võ-công-Mật 武公密, avait rendus à la dynastie, à l'époque de la restauration, en combattant les Mạc, elle avait toujours reçu de grands honneurs de la Cour d'Annam, mais par la suite, un arrière petit-fils de Công-Mật, Võ-công-Đức, oubliant les bienfaits reçus, profita de la quasi impunité que lui assurait son éloignement et les défenses naturelles de la région pour se lier avec des descendants des Mạc et se révolter contre le roi d'Annam en prenant le titre de roi. La Cour supporta patiemment ces agissements sans lui en demander raison. Mais à la suite de dissentiments qui s'étaient produits entre lui et un de ses subordonnés du nom de Ma-phúc-Trường 麻福長, Công-Đức ayant voulu se rendre à la capitale, fut assassiné en route. La rumeur publique accusait Phúc-Trường d'avoir été l'instigateur du crime. En souvenir des services rendus autrefois par Công-Mật, la Cour ne voulant pas laisser s'éteindre (ou supprimer ?) sa famille confirma à Võ-công-Tuấn, fils du rebelle, le titre héréditaire de duc de Khoan quận 寬郡公, mais le retint avec toute sa famille à la capitale avec le grade de Đô-đốc thiêm sự 都督僉事. Le gouvernement annamite profita des circonstances pour nommer à Tuyên-quang un haut mandarin du grade de Chấn thủ. Mais 4 ans après (1re année Dương-đức 1672), Võ-công-Tuấn trompant la surveillance dont il devait être l'objet, réussit à rejoindre Tuyên-quang d'où il passa en Chine avec ses partisans. Durant de longues années, il se livra au brigandage mettant en coupe réglée les provinces de Tuyên-quang et Hưng-hóa. A la suite de nombreuses réclamations, il fut finalement arrêté en 1689 sur les ordres du Tổng-đốc du Yunnan, remis aux autorités annamites et mis à mort. (Cương-mục vol. XXXIII, pp. 28 et 33, et vol XXXIV, p. 21.

D'après les géographies, si on lit le récit de ces événements dans le chapitre spécial à la province de Tuyên-quang, les trois động de Ngưu-dương, Hồ điệp et Phổ-viên dont il est question dans les revendications territoriales annamites auraient appartenu à Võ-công-Tuấn qui, lorsqu'il passa en Chine, aurait emmené avec lui tous les habitants de ses động. C'est ce qui explique les proclamations

et protection, un thổ-ti de Khai-hóa profita de l'occasion pour mettre la main sur (des territoires dépendant de) ces trois châu. Il installa des postes de surveillance aux *động* 峒 (1) des frontières pour percevoir les taxes sur les marchands. »

« Le *chấn-thủ*(2) de Hải-dương, Lê-Huyên 黎楦, qui était allé prendre la direction des provinces de Tuyên-quang et Hưng-hóa et les đốc-đồng 督同. Trịnh-đức-Nhuận 鄭德潤 et Trần-Thọ 陳壽 écrivirent pour protester et demander la restitution de ces territoires, en même temps qu'ils invitaient par des proclamations les populations des *động* enlevés à revenir en territoire annamite. Mais le thổ-ti refusa de restituer les territoires enlevés. A partir de cette date, nous fûmes dépossédés par la Chine d'étendues considérables de territoires frontières dépendant de ces trois châu et dont nous ne pûmes jamais, par la suite, obtenir la restitution complète. »

« NOTES. — *Vị-xuyên*, *Bảo-lạc*: noms de châu appartenant à la province de Tuyên-quang, phủ de Nhượng-an 襄安. *Thủy-vĩ* nom de châu, province de Hưng-hóa. — « Động 峒 des trois châu ». Des détails seront donnés sur ces động à la 11e année *Chính-hòa*. — Đức-Nhuận, originaire du village de Hoa-lâm 花林 phủ de Đông-ngạn 東岸. Reçu Docteur au concours de l'année *bính-thìn* 丙辰 (1676) de la période *Vĩnh-trị* (1676-1680). — Trần-Thọ, originaire du village de Châu-tri 珘池 dans le Chí-linh 至靈. Reçu Docteur au concours de l'année canh-tuất 庚戌 (1670) de la période Cảnh-trị (1662-1672) (3) »

du nouveau Chấn-thủ envoyé à Tuyên-quang, invitant les populations de ces động et autres territoires enlevés par les Chinois, à retourner en terre annamite.

Si on lit le récit des mêmes événements dans le chapitre consacré à la province de Hưng-hóa, on apprend que ces trois động auraient été donnés à la Chine par le rebelle Mạc-kính-Khoan 莫敬寬, restitués à l'Annam au début de la période Vĩnh-trị (1676-1680) puis secrètement redonnés à la Chine par un thổ-mục du nom de Uý-phúc-Liêm 韋福廉, soudoyé à cet effet (Đại-việt địa-dư toàn biên 大越地輿全編.

(1) Petite circonscription territoriale plus ou moins correspondante au canton.

(2) Chấn-thủ ou Đốc-chấn 督鎮, chef de certaines provinces stratégiques. Les Đốc-đồng remplissaient les fonctions de juges dans les provinces dirigées par les chấn-thủ. Le titre de Lưu-thủ 留守 tout d'abord réservé aux chefs de la province de Thanh-hóa, fut ensuite donné aux chefs de certaines autres provinces. Les fonctions des Lưu-thủ étaient identiques à celles des Chấn-quan.

(3) Khâm-định việt-sử thông-giám cương-mục 欽定越史通鑑綱目 Vol. XXXIV. p. 20b. Cet ouvrage sera désigné ensuite par les lettres C.M.

*
* *

« La 11ᵉ année *Chính-hòa* (1690 — 29ᵉ année Khang-hi) une ambassade est envoyée en Chine. »

« Les ambassadeurs en premiers Nguyễn-danh-Nho 阮名儒 et Nguyễn-quí-Đức 阮貴德 et les ambassadeurs en seconds : Nguyễn-tiên-Sách 阮進策 et Trần-Đảo 陳璹 se rendent en Chine pour remettre le tribut annuel (1) et demander une enquête à l'Empereur sur les agissements de Mặc-nghiệt 莫嶭 qui, avec des bandes recrutées au Yunnan où il s'était réfugié, venait piller et rançonner les territoires frontières des provinces de Tuyên-quang, Hưng-hóa et Cao-bằng, et sur les violations de territoires commises par les Thổ-ti de Mong-tze et du Phủ de Khai-hóa qui s'étaient emparés d'un certain nombre de động et hameaux des châu de Bảo-lạc, Vị-xuyên, Thủy-vĩ et Quỳnh-nhai 瓊崖 ; mais ces réclamations furent mises de côté et n'obtinrent aucune réponse. »

« Notes. « An-nam kỷ yêu 安南紀要, Résumé d'histoire d'An-nam » (2). — (D'après cet ouvrage), la 30ᵉ année Khang-hi (1691), les ambassadeurs de notre pays, Nguyễn-danh-Nho, Nguyễn-qúi-Đức et autres, présentèrent un message (du roi d'An-nam) exposant que (des représentants des Mặc), Mặc-kính-Chừu 莫敬裯, Mặc-kính-Nghi et autres, s'arrogeant indûment des titres constituant une rebellion, (3) de concert avec un nommé Võ-công-Tuấn de la province de Tuyên-quang, pillaient et rançonnaient les provinces de Cao-bằng, Tuyên-quang et Hưng-hóa ; — que le *Thổ-ti* du *phủ* de Khai-hóa de la province du Yunnan s'était emparé des villages et hameaux de *Bách-đích* 百的, *Mỹ* (ou *Chi*)-*phong* 美 (一作芝) 豐, *Thúc-lâm*

---

(1) Le tribut annuel était anciennement envoyé tous les trois ans. Sous la période de Vạn-lịch 萬曆 des Minh, l'An-nam avait obtenu de ne l'envoyer qu'une fois tous les 6 ans. Cette tolérance dut sans doute être dénoncée plus tard, car la 7ᵉ année Cảnh-trị 景治 de son règne (1668), à l'occasion de l'envoi du tribut, le roi d'An-nam Lê-huyền-Tông, demanda de nouveau la faveur à l'empereur de Chine, de n'envoyer le tribut qu'une fois tous les six ans, ce qui fut accordé, (C.M. XXXIII, p. 26).

(2) L'auteur de cette histoire serait un Chinois du nom de Kao-Hiong-Tcheng 高熊澂. Cf. Cadière et Pelliot. Première étude sur les sources annamites. Bulletin E.F.E.O. IV, (1904).

(3) Ils se donnaient le titre de vương 王 : roi ou prince.

粟廩 ; *Hữu-sào* 有巢 ; *Ngọc-ti* (ou *bôi*) 玉璽 (一 作 不) du *châu* de *Bảo-lạc* ; et des *đông*, villages et hameaux de Đông-mông 東蒙, Vô-cừu 無咎, Ngưu-dương 牛羊, Hồ-điệp 蝴蝶 et Phổ-viên 普園 du *châu* de Vị-*xuyên* de la province de Tuyên-quang et de vingt huit hameaux des *đông* de *Cam-đường* 甘棠, *Hương-sơn* 香山, *Sơn-yêu* 山腰, *Trình-lạn* 呈爛 et *Hoa-quán* 花貫 du *châu* de *Thủy-vĩ* (1) de la province de *Hưng-hóa* ; que le *Thổ-ti* de Mong-tze avait usurpé 25 hameaux du *đông* de *Trình-hàm* (ou *Trình-u*) 呈函 (一 作 幽) du *châu* de *Thủy-vĩ* de la province de *Hưng-hóa* ; que des chefs *nùng* avaient usurpé 4 *đông* du châu de Quỳnh-nhai 瓊崖, trois *đông* du *châu* de *Chiêu-tấn* 昭晋, et les châu de *Quảng-lang* 廣陵, *Hoàng-nham* 黃巖 et Hợp-phì 合淝. »

« Nguyễn-danh-Nho : du village de *Nghĩa-phú* 義富, phủ de Cẩm-giang. — Nguyễn-tiến-Sách : du village de Văn-chưng 文徵, territoire de Bạch-hạc. Tous deux reçus Docteurs au concours de l'année canh-tuất 庚戌 (1670) de la période Cảnh-trị (2).

« La 18e année *Chính-hòa* 1697 (36e année Khang-hi) une ambassade est envoyée en Chine. »

« Les ambassadeurs en premier Nguyễn-đăng-Đạo 阮登道 et Nguyễn-thế-Phán 阮世播 et les ambassadeurs en second : Đặng-đình-Tướng 鄧廷相 et Nhữ-tiến-Hiền 汝進賢 vont remettre le tribut annuel et par la même occasion exposer à l'Empereur de Chine les affaires de frontière des provinces de Tuyên-quang et Hưng-hóa. » Notes. — Nguyễn-đăng-Đạo : du village de *Hoài-bão* 懷抱, huyện de Tiên-du 僊遊 ; reçu premier Docteur au concours de l'année *Qui hợi* 癸亥 1683 de la période Chính-hòa. — Tiến-Hiền du village de Hô-trạch 穫澤, huyện de Đường-an 唐安, Docteur du concours de l'année Canh-thân 庚申 (1680) de la période Vĩnh-trị. — Thế-Phan, s'appelait antérieurement Ngô-Chung 吳鐘, du village de *Cẩm-chương* 錦章, huyện de Đông-ngan 東岸. Reçu Docteur au concours de l'année Bính-thần 丙申 (1676) de la période Vĩnh-trị. — Affaires de frontières des provinces de Tuyên-quang et Hưng-hóa : événements relatés à la 9e année (3).

---

(1) Actuellement province de Lao-kay.
(2) id. Ve XXXIV, pp. 26 sqq.
(3) id. — XXXIV, p. 40 ab.

« Le 4e mois de l'été de la 19e année Chính-hòa (1698-37e année Khang-hi), Nguyễn-đăng-Đạo et ses collègues reviennent de leur mission d'ambassade en Chine. »

« Antérieurement, les trois *đồng* de *Ngư-dương*, *Hồ-điệp* et *Phồ-viên* avaient été pris par le *Thổ-ti* du *phủ* chinois de *Khai-hóa*. Le Chân-thủ (de Tuyên-quang) opérait de fréquentes reconnaissances militaires sur ces territoires afin de bien établir la spoliation. Trịnh-Can (1) ayant manifesté en Conseil de délibération son intention d'adresser une réclamation à la Chine pour obtenir la restitution de ces territoires, le Tham-tung (2) Nguyễn-văn-Thực 阮文寔 lui conseilla d'attendre l'occasion de l'envoi du tribut pour joindre cette réclamation au mémoire à l'Empereur de Chine accompagnant l'envoi. »

« Les réclamations présentées par la mission d'ambassade de la 11e année Chính-hòa (1690) dirigée par Nguyễn-danh-Nho avaient échoué. »

« Đang-Đạo se rendit également en Chine porteur d'une nouvelle lettre et demanda la restitution des territoires des trois *đồng* (3). »

« L'Empereur de Chine chargea de hauts dignitaires de faire une enquête sur ces réclamations. (Comme suite à son enquête) le *Tổng-đốc* du Yun-nan et du Koei-tcheou 貴州, Vương-kế-Văn 王繼文, adressa au Souverain chinois un rapport dans lequel il disait que ces trois *đồng* étaient un territoire appartenant de longue date au Thổ-mục Nồng vạn Chung 儂萬鐘 (4) ; qu'après avoir dépendu administrativement du cercle de Mong-tze sous la période Shun-chi 順治 (1644-1662) il avait été rattaché la 5e année Khang-hi (1666) au phu de Khai-hóa 開化 où il était inscrit (sur les régistres fonciers) sous le nom de lý de Đông-an 東安 et que depuis trente

---

(1) 鄭根 (1682-1709) A cette époque les rois d'Annam ne régnaient que de nom. Le pouvoir effectif se trouvait entièrement entre les mains des Seigneurs Trịnh qui se transmettaient héréditairement le pouvoir.

(2) 参從, membre du Conseil du Gouvernement.

(3) C'est bien à tort que, dans sa traduction du Tuyên-quang tinh phủ 宣光省賦, M. le Colonel Bonifacy fait dire à l'auteur que « l'ambassadeur Nguyễn-dang-Đạo demanda qu'on lui donnât ces trois đồng pour les cultiver ». Le texte dit seulement : La 1re année Chính-hòa, « l'ambassadeur du tribut annuel Nguyễn-dang-Đạo fut chargé de joindre (à la présentation du tribut) la question des trois đồng ». La province de Tuyên-quang. Composition littéraire de M. Dang-xuan-Bang, Traduite et annotée par M. le Colonel Bonifacy. Imprimerie d'Extrême-Orient, 1923.

(4) Et non Nồng-chung-Cựu, comme a lu M. le Colonel Bonifacy. Cựu n'est qu'un simple adjectif dans la phrase.

ans il supportait régulièrement les charges et impôts. Sur ces entrefaites le *Tuần-phủ* du Yun-nan, Thạch-văn-Thạnh 石文晟 qui était venu fortuitement présenter ses hommages au Souverain, présenta une carte (de la région) et déclara que les trois *đông* en litige ne faisaient plus partie du territoire annamite depuis l'époque où ce pays s'était trouvé sous la domination des Minh (1414-1428). L'Empereur de Chine invita ses ministres du Conseil privé à examiner l'affaire et à lui adresser un rapport sur les résultats de leurs investigations. Đăng-Đạo se trouva dans une situation difficile pour discuter et ne put fournir aucune précision. »

« L'Empereur de Chine s'appuya alors sur le rapport du Ministère pour rejeter les revendications annamites. »

« Après le retour de Đăng-Đạo de nouvelles réclamations furent adressées (à la Cour de Chine), mais le *Tuần-phủ* du Quang-si refusa toujours de transmettre les messages. La dessus, le silence commença à se faire sur ces trois *đông* ».

« *Remarque*. — A l'occasion de la mission d'ambassade qu'il conduisit cette année en Chine, Nguyen-đăng-Đạo ayant exposé les revendications de notre pays au sujet des trois đông de Ngưu-dương, Hồ-điệp et Phồ-viên, les Ministres du Conseil privé de la Cour de Chine réfutèrent et rejetèrent ses réclamations.

« Si l'on s'en rapporte au sujet de ces affaires à « l'An-nam Kỉ-yêu » qui relate que « la 30e année Khang-hi (1695, c'est-à-dire la 12e année Chính-hòa) les ambassadeurs de notre pays exposèrent les spoliations de portions de territoires frontières des trois châu de *Thủy-vĩ*, *Bảo-lạc* et *Vị-xuyên* représentant 60 đồng, villages et hameaux, commises par le *Thổ-ti* de *Khai-hóa* et les spoliations (de différentes portions des territoires) des trois châu de Quang-lang, Hoàng-nhâm et Hợp-phì, il ressort que les trois *đông* de Vị-xuyên n'étaient pas les seuls territoires dont notre pays avait été dépossédé, et cependant, lors de l'arrangement de la 9e année *Bảo-thái* 保泰 (1728) la Chine ne restitua que la montagne de gisements miniers de zinc et la montagne de la mine de cuivre de Tụ-long de *Vị-xuyên*, soit en tout 120 *lý* de territoire, quant aux territoires enlevés dépendant des châu de *Bảo-lạc* et de *Thủy-vĩ*, et les trois đồng de Ngưu-dương, Hồ-điệp et Phồ-viên, ils ne furent finalement pas restitués et les étendues de territoires dont nous avons été dépossédés par la Chine sont encore considérables.

« Pour tout dire, depuis la Restauration (1); la géographie du royaume était mal connu, le pays était faible. L'administration des territoires

---

(1) 1593 époque à laquelle les Lê recouvrèrent le trône d'An-nam dont ils avaient été dépossédés par les Mạc.

de la haute région était laissée à des dignitaires locaux qui se transmettaient héréditairement leurs fonctions. Ils faisaient entre eux des échanges privés de territoires, s'enlevaient mutuellement par la force des lambeaux de territoires. La Cour se contentait de les maintenir sous son autorité. Ce n'était pas là un état de choses nouveau. Et c'est ainsi que lorsque après sa révolte Võ-công-Tuấn se réfugia en Chine, un *Thồ-ti* chinois profita des circonstances pour s'emparer des territoires contestés. Ces événements dataient donc des périodes Dương-đức 陽德 (1672-1674) et Vĩnh-trị 永治 (1676-1680). Quant aux réfutations absurdes de Vương-kê-Văn et Thạch-văn-Thạnh, prétendant que les trois động de Ngưu-dương, Hồ-điệp et Phồ-viên appartenaient à la Chine depuis une époque indéterminée, elles avaient uniquement pour but de cacher la spoliation.

« A ce moment, l'ignorance de la géographie des frontières empêcha de relever et de rectifier ces erreurs et tout le monde se soumit. »

« Finalement, la dynastie des Lê est responsable de la perte de territoires frontières dont il n'a encore jamais été possible d'obtenir la restitution. Quels regrets ne doit-on pas en avoir ! (1)

7e année Bảo-thái 1726 — (4e année Yung-tcheng 雍正). — « Le Chef du Secrétariat du Cabinet de l'Est. Võ-đình-Ân 武廷恩 reçoit l'ordre de se joindre aux délégués chinois pour délimiter la frontière à la montagne de Duyên-xưởng 鉛廠山 (2).

« Antérieurement, 120 lý (3) de territoires situés aux limites des châu de Vị-xuyên et Thủy-vĩ nous avaient été enlevés par un Thồ-ti chinois du phủ de Khai-hóa. La 3e année Yung-tcheng (雍正 1725),le Tổng-đốc de la province chinoise du Yunnan, Cao-kỳ-Chác 高其倬, ayant adressé un nouveau mémoire (à la Cour d'An-nam ?) pour signaler que les frontières de l'An-nam empiétaient sur les anciennes limites (de la Chine) et demander le règlement du litige, la Cour d'An-nam adressa à la Cour de Chine par l'intermédiaire du Tổng-đốc du Quảng-sĩ :

(1) XXXIV. pp. 41 et sq.

(2) ou : de la montagne des gisements miniers de zinc. Cette mine appartient au territoire de Tụ-long. D'après le KIÊN-VAN-LUC, cette affaire de Tụ-long qui paraît ici connexe avec les autres, en serait absolument indépendante.

(3) 里 mesure de longueur chinoise équivalant d'après les dictionnaires à environ 600 mètres.

Khổng-dục-Tuấn 孔毓珣 un mémoire pour réfuter ces allégations et exposer la situation réelle. L'Empereur de Chine ayant approuvé (les propositions de la Cour d'An-nam ?), celle-ci chargea les mandarins Hồ-phi-Tích, 胡丕績, Võ-công-Tể 武公宰 et autres de se joindre au délégué chinois Phan-doãn-Mẫn 潘允敏 pour faire une enquête sur place, mais chacun des deux groupes maintenant son point de vue et restant sur ses positions, les pourparlers n'aboutissaient pas. »

« A la date ci-dessus, après réception d'une lettre de conseils de l'Empereur de Chine, la Cour d'An-nam chargea Đinh-Ấn de se joindre aux délégués chinois pour fixer les limites des frontières au pied de la montagne de *Duyên-xưởng* (où de la mine de zinc). Cet arrangement nous faisait recouvrer 80 lý de territoires. Quant aux 40 autres *lý* sur lesquels se trouvaient la mine de cuivre de Tụ-long, ils restaient encore annexés au phủ de Khai-hóa.

Notes. — Đinh-An du village de *Mộ-trạch* 慕澤, huyện de Đường-an 唐安, reçu Docteur au concours de l'année *Nhâm-thìn* 壬辰 (1712) de la période Vĩnh-thịnh. Công-Tể du village de Hai-bối 海貝, huyện de Yên-lãng 安郎 Docteur du concours de l'année *Mậu-tuất* 戊戌 (1718) de la période Vĩnh-thịnh (1).

9e année Bảo-thái (1728).

« La Chine restitue la mine de cuivre de Tụ-long.

« Antérieurement, la limite des frontières avait été fixée à la mine de zinc. La Chine retenait encore à notre détriment les territoires des montagnes de Tụ-long où le *Thổ-ti* chinois avait établi des postes de douane pour percevoir les impôts ».

« De nouvelles lettres furent adressées pour réclamer la restitution de ces 40 *lý* de territoires frontières. L'Empereur de Chine décida de faire procéder à une nouvelle délimitation par les autorités locales et chargea Ngạc-nhĩ-Thái 鄂爾泰, Tổng-đốc du Yun-nan et du Koei tcheou de faire une nouvelle enquête. Sur la seule foi des déclarations du Uỷ-quan 委官 Phan-doãn-Mẫn 潘允敏, Nhị-Thái adressa à l'Empereur un rapport dans lequel il exposait que le territoire réclamé était un territoire dépendant du phủ de Khai-hóa dont notre pays s'était emparé et que nous refusions de restituer. L'Empereur de Chine ayant donné l'ordre de se conformer à ses instructions (2), Nhĩ-

(1) id. — XXXVI. p. 29 ab.
(2) C'est-à-dire à la première décision fixant la limite du territoire restitué à la montagne de la mine de zinc.

Thái adressa une lettre (à la Cour d'An-nam), mais lorsque le courrier arriva aux frontières de la province de Tuyên-quang, le Thổ-mục Hoàng-văn-Phác (ou Lầu) 黃文樸. 一日 樓, chargé de la garde des passages, souleva des discussions et refusa de recevoir la lettre. Au bout de 5 ou 6 jours, la situation ne se modifiant pas, Nhị-Thái craignant une surprise, écrivit immédiatement aux autorités du Quảng-sĩ de se tenir sur leurs gardes et de veiller à la défense des frontières ; il mettait en même temps l'Empereur de Chine au courant de ce qui se passait en demandant d'envoyer les forces armées à pied et à cheval des trois provinces sur les frontières. L'Empereur de Chine repoussa sa demande et chargea Hàng-dịch-Lộc 杭奕祿, Conseiller de Gauche, et le Grand secrétaire du Conseil privé : Nhậm-lan-Chi 任蘭枝 d'aller d'abord communiquer ses instructions (à la Cour d'An-nam), et adresser ses exhortations au calme aux populations pour se rendre compte de la situation exacte. Mais avant que cette mission ne fût arrivée à destination, un message d'Etat de notre pays, expédié antérieurement, parvenait à Yên-kinh 燕京 (1) manifestant les sentiments de profond respect et de sincère dévouement de notre pays envers la Chine. La lecture de cette lettre causa la plus vive satisfaction à l'Empereur de Chine qui en louangea les termes et donna aussitôt l'ordre de rédiger une nouvelle lettre pour être jointe aux instructions déjà remises à Dịch-Lộc et aux termes de laquelle en vue du règlement de l'affaire, nous obtenions la restitution des 40 *lý* de territoires de la mine de cuivre ».

« A ce moment, les frontières du Nord étaient soumises à une consigne très sévère, les populations vivaient dans la crainte et l'inquiétude. Trịnh-Cương 鄭棡 (2) estimant qu'en l'absence de tout motif sérieux de ressentiment aucune provocation ne devait se produire, adressa des ordres sévères aux fonctionnaires des frontières pour les inviter à s'abstenir de tous actes susceptibles d'entraîner des difficultés.

« Le 6e mois, Dịch-Lộc arriva à Đông-đô 東都 (Hà-nội) Notre ancien territoire nous était réellement restitué avec la rivière Đổ-chú 賭咒 comme limite. Dịch-Lộc exigea en outre l'accomplissement du cérémonial des trois prosternations et neuf salutations (envers l'Empereur de Chine), auquel la Cour fut contrainte de se soumettre. Nguyễn-huy-Nhuận 阮輝潤, Thị-lang de gauche du Ministère de la Guerre et Nguyễn-công-Thể 阮公寀, Tế-tửu 祭酒 furent envoyés à Tuyên-quang pour prendre possession des territoires restitués

(1) Actuellement Pékin.
(2) 1709-1729.

et marquer les limites. Le Thổ-ti de Khai-hóa ayant mensongèrement désigné un autre cours d'eau comme étant le Đổ-chú, dans le but de conserver les villages du territoire de Bảo-sơn 寶山, Công-Thể se rendant compte qu'on l'induisait en erreur parcourut au prix des plus grandes difficultés les montagnes et les forêts de la région, visita toutes les mines d'argent et de cuivre et finit par trouver la situation exacte du Đổ-chú (1). On érigea des tables de pierre aux endroits qui fixaient les limites des deux Etats. L'affaire de frontière fut alors définitivement réglée ».

« Notes. — Les montagnes de Tụ-long sont situées sur le territoire du village de Tụ-long du châu de Vị-xuyên. Depuis la division de ce *châu* en deux *huyện*, ce village a été rattaché au *huyện* de *Vinh-tuy* 永綏. On trouve dans ces montagnes du fer aimanté et du cuivre rouge. On y trouve également des paillettes d'argent. C'est pourquoi ces montagnes sont également désignées sous le nom de mines d'argent ».

« *Thanh nhất thống chí* 淸一統志 (Géographie de l'époque des Thanh). La 6e année de la période Yong-tcheng (1728), à la suite d'un rapport du Tổng-dốc de la province du Yun-nan sur une question de frontière avec le royaume d'An-nam, un édit fait cession à ce royaume de 40 *lý* de territoires délimités par la rivière Đổ-chú 覩兕 de Bạch-mã 白馬 (pe-ma). (2)

Đông-hoa-lục 東花祿(tong-houa-lou) de Tưởng-lương-Ki 蔣良騏

« Le 4e mois de la 3e année Yong-tcheng (1725) Cao-kì-Trác 高其倬, Tổng-đốc du Yun-nan, adressa un rapport au Souverain, exposant qu'il y avait dans les limites des frontières du royaume d'An-nam 120 *lý* de territoires ayant appartenu autrefois à la Chine et que ce royaume avait adressé un mémoire en revendication de leur propriété. Le successeur de Cao-kỳ-Trác : le Tổng-đốc Ngạc-nhĩ-Thái 鄂爾泰 fut alors chargé de faire une enquête qui établit l'exactitude des revendications annamites et on accorda une restitution de 80 *lý* de territoires dont les limites passaient au pied des montagnes de zinc. Le Souverain de ce royaume ayant adressé de nouvelles réclamations, le 9e mois de la 5e année, le Grand secrétaire du Conseil privé : Nhậm-lan-Chi 任蘭枝 et le Conseiller de Gauche : Hàng-dịch-Lộc, 杭奕祿 furent chargés d'apporter à la Cour d'An-nam les conseils et les instructions de l'Empereur de Chine, mais (le roi d'An-nam) ayant adressé une lettre

(1) A cet endroit les annales portent l'annotation suivante de l'Empereur Tự-Đức « Voilà comment se comporte un sujet conscient de ses devoirs ».

(2) Cette décision se trouve également reproduite dans les deux éditions du Yun-nan thong tche de 1736 et 1835 sur lesquelles nous reviendrons plus loin.

d'excuses avant que les envoyés chinois ne fussent arrivés dans leur pays, on leur restitua les **40 *lý*** de territoires ayant fait l'objet de l'enquête de Nhĩ-Thái. Hàng-dịch-Lộc et son collègue furent chargés d'aller donner connaissance au roi d'An-nam de la lettre de l'Empereur de Chine. Cette lettre disait en substance :

« Mon pouvoir souverain s'étend sur toutes les terres de l'Empire, « il n'est pas une coudée de territoire des royaumes tributaires qui ne « m'appartienne. Est-il bien nécessaire dans ces conditions de tant « discuter à propos d'un misérable lambeau de terrain de 40 *lý* ?

« Récemment, Ngạc-nhĩ-Thái m'a fait parvenir la lettre que vous « m'avez adressée, J'ai été on ne peut plus satisfait de la forme respec- « tueuse de cette lettre, et vous en témoigne toute ma satisfaction. Il « m'est d'autant plus facile de vous contenter, que je ne fais aucune « différence entre le territoire du Yun-nan et celui du royaume d'An- « nam qui m'appartiennent tous les deux : le premier comme territoire « d'une terre d'Empire, le second comme celui d'un état tributaire. « En conséquence, je vous fais don de ce territoire à titre définitif et « imprescriptible. »

« *Tables de pierres.* — On érigea sur les deux rives Nord et Sud du cours d'eau qui longe le territoire du village de *Tụ-long* dans le huyện de Vĩnh-tuy des tables de pierre. »

Celle érigée sur la rive sud portait l'inscription suivante :

« Le cours d'eau *Đỗ-chú* 覩咒 a été choisi pour marquer la limite du *châu* de *Vị-xuyên* de la province de Tuyên-quang du royaume d'An-nam.

Le 18e jour du 9e mois de la sixième année Yong-tcheng (20 octobre 1728).

Nguyễn-huy-Nhuận, Thị-lang de gauche du Ministère de la Guerre et Nguyen-công-Thể, Tê-tửu, désignés à cet effet, ont érigé cette table de pierre ».

« La table de pierre de la rive nord portait l'inscription suivante :

« Le territoire lointain de Khai-dương est contigu au pays de *Giao-chỉ* (1) et d'après les géographies serait à une distance Sud de 240 *lý* du siège du phủ (de *Khai-hóa*) et limité par le cours d'eau *Đỗ-chú*. Des contestations s'étant produites sur la situation exacte de ces fron-

(1) Ancien nom de l'An-nam.

tières, des mandarins envoyés à l'effet d'enquêter sur la question demandèrent au Souverain de fixer ces limites aux montagnes de la mine de zinc. Mais notre sublime Empereur dont la majesté sans égale rayonne partout, prenant en considération les sentiments de respect et de fidélité que la terre de Giao-chỉ n'a jamais cessé de manifester (envers la Chine) au cours des siècles, prit un nouveau décret aux termes duquel il restituait à ce pays les 40 *lý* de territoires qu'il demandait. En conséquence, nous Sĩ-Côn 士 鯤 et autres, conformément aux ordres du Tổng-đốc du Yun-nan et Koei-tcheou, nous sommes réunis à la date du 7e jour du 9e mois (9 octobre 1728), avec Nguyễn-huy-Nhuận et autres, délégués du royaume de Giao-chỉ, à l'effet de fixer les limites des territoires restitués à un petit cours d'eau situé au Sud du camp de Bạch-mã 白 馬 et que le Roi d'An-nam, dans ses lettres, désigne sous le nom de Đỗ-chú 覩 咒, et nous avons, conformément aux termes du décret, érigé une table de pierre sur la rive nord de ce cours d'eau, pour marquer la frontière. Que par cette délimitation la situation des frontières soit consolidée à tout jamais, que le bienfait en soit ressenti dans tous les siècles à venir.

« Respectueusement érigée le 18e jour du 9e mois de la 6e année Yong-tcheng (20 octobre 1728).

« Le Tri-phủ de Khai-hóa : Ngô-sĩ-Côn 吳 士 鯤. — Le Trung-doanh du-Kích 中 營 游 擊 : Vương-vô-Đảng 王 無 黨.

Khai-dương 開 陽, Nom donné à la mine de cuivre en raison de sa situation au Sud du phủ de Khai-hóa.

« Cống-Thể, originaire du village de Kim-lũ, huyện de Thanh-trì, reçu Docteur au concours de l'année *ất-vị* (1715) de la période Vĩnh-thịnh. [1]

* * *

La satisfaction manifestée par les Annamites lorsqu'ils apprirent qu'ils avaient obtenu gain de cause dans leurs revendications paraît se porter autant sur la restitution du territoire de Tụ-long qu'à la délimitation de la frontière au cours d'eau qu'ils appelaient Đỗ-chú.

L'emplacement du village de Tụ-long est facile à retrouver. Ce nom figure sur les cartes de l'Etat-major au 1/500.000 et au 1/100.000 dans un creux de la frontière au Nord de la province de Tuyên-quang,

(1) C. M. Ve 37, pp. 3 b et suivantes.

entre Lao-kay et Hà-giang. Ce nom est même porté deux fois sur certaines cartes, l'un représentant l'emplacement de l'ancien poste de Tụ-long au Nord, l'autre l'emplacement du village au Sud. Il figure également sur les cartes modernes du Yun-nan écrit 都龍.

Mais le cours du Đồ-chú est plus difficile à identifier. Sur les cartes annamites du huyện de Vĩnh-tuy ou de la province de Tuyên-quang comprenant le territoire de Tụ-long [1], on voit dans le haut et à gauche un tronçon de cours d'eau orienté sud-ouest nord-est désigné sous le nom de Đồ-chú, mais on a beau chercher sur les autres cartes des régions limitrophes, on ne trouve aucun point de jonction entre ce cours d'eau et d'autres. C'est une rivière sans source ni cours inférieur! Le Đồ-chú est également porté sur les cartes des anciennes géographies chinoises de la province du Yun-nan [2]. Mais alors que sur les cartes de l'édition de 1736, le Đồ-chú figure comme un cours d'eau indépendant paraissant brusquement disparaître dans les entrailles du sol chinois avant d'arriver aux frontières du Giao-chỉ, sur la carte à grande échelle du *phủ* de Khai-hóa de l'édition de 1836, on voit un cours d'eau désigné sous le nom de Đồ-chú, délimiter la frontière annamite sur un certain parcours, couler en territoire chinois en remontant au nord, puis .... se jeter dans une grande rivière qui n'est autre que le cours supérieur de notre rivière Claire.

Sur nos cartes on voit à l'est de Tụ-long un premier cours d'eau appelé Tong-nai-ho sur la carte au 1/5000.00 et Tong-cai-ho sur celle au 1/100.000. Mais étant donné que des tableaux d'étapes, dont il sera question plus loin, donnent comme distance de Tụ-long au Đồ-chú, les uns une journée, les autres une journée et demie de marche, il est évident qu'il faut rechercher le Đồ-chú beaucoup plus à l'Est.

Les descriptions des lieux géographiques contenues dans les ouvrages annamites et chinois étant généralement plus fidèles que la représentation de ces lieux sur les cartes, il ne reste donc comme moyen d'identification possible que la confrontation des descriptions de ces cours d'eau fournies par les géographies annamites et chinoises avec nos cartes. Afin de ne pas encombrer inutilement ce travail de descriptions superflues, nous nous bornerons pour la partie annamite à reproduire celle d'un auteur moderne et celles fournies par Lê-quí-Đôn dans son

---

(1) 同慶刺製御覽 Đồng-khánh sắc chế ngự lãm. Bibliothèque de l'E.F.E.O. fonds annamite, n°. —Carte jointe à « la province de Tuyên-quang » du colonel Bonifacy.

(2) 雲南通志 Yun-nan thong tche. Editions 1736, 1836 Bibl. E. F. E. O. Nos 277 et 278.

Kiến-van-Lục, particulièrement détaillées et qui sont d'ailleurs citées dans les géographies modernes (1).

« Le Đổ-chú 覩咒河 coule à l'ouest de la rivière Lô 瀘 (rivière Claire) il vient du lý de *Phùng-xuân* 逢春 du *phủ* de Khai-hóa, coule vers l'ouest, pénètre dans le huyện de Vĩnh-tuy 永綏 au village de Tụ-hòa 聚和 et se déverse dans le (la rivière du ?) châu de Thủy-vĩ 水尾 de la province de Hưng-hóa. Sur chacune des deux rives nord et sud de la rivière, il y a une stèle abritée sous un pavillon marquant les limites des deux pays (2). »

« Le Lôi-hà 雷河 (communément appelé sông Chảy) coule à gauche du Thảo-hà 洮河 (3) et prend sa source dans l'intérieur du phủ chinois de Khai-hóa (où il porte le nom de Đổ-chú 賭咒); lorsqu'il atteint, dans son cours inférieur, la province de Hưng-hóa (4), sa rive gauche est constituée par le châu de Vị-xuyên et sa rive droite par le châu de Thủy-vĩ. Il passe par les hameaux de *Na-cang* 那矜. *Tâm-phú* 心富 Bắc-hà 北河. Thập-đô 十都 et arrive au poste de Bảo-nghĩa 保義. »

« Châu de Vị-xuyên (5). — Le châu de Vị-xuyên est borné : à l'est par le village de Phẫn-võ 奮武 du canton de même nom ; à l'ouest par le

(1) Le Đại nam nhất thống chí fait des emprunts au Kiến-văn-Lục pour ses descriptions de cours d'eau et autres lieux géographiques. Cet ouvrage contient des énormités inexplicables. C'est ainsi que dans le chapitre sur la province de Hưng-hóa, faisant la description du Nam-ti (en annamite Ngưu-giang 牛江 ou Khu-hà 漚河) il met entre crochets Đổ-chú hà 覩咒河 ce qui de toute évidence, signifie que dans sa partie chinoise cette rivière s'appelle Đổ-chú hà.

Dans le chapitre sur la province de Tuyên-quang, après avoir décrit le Đổ-chú selon la tradition annamite, cet ouvrage donne la description suivante du Mã-giang 馬江 qui est encore un nom de la rivière Claire. « Dans le huyện de Vĩnh-tuy, orientation Ouest-nord, 150 *lý*, prend sa source dans le huyện de Văn-sơn 文山 du phủ de Khai-hóa en Chine ; passe par la passe de Kinh-thủy 徑水 traverse le huyện de Vĩnh-tuy, se réunit au Đổ-chú avec lequel il arrive au Yun-nan 皆放雲南 ! ! !. Il y a là une confusion entre la partie du sông Chảy qui arrose le huyện de Vĩnh-tuy et la rivière Claire et une adaptation malheureuse des descriptions chinoises de la rivière Claire et du Đổ-chú.

(2) 宣光省賦 Tuyên-quang tỉnh phú de Đặng-xuân-Bảng 鄧春榜, le nom de Tụ-hòa ne paraît que dans les ouvrages modernes.

(3) Nom du fleuve Rouge dans sa partie supérieure.

(4) A cette époque, la province de Hưng-hóa était beaucoup plus étendue qu'aujourd'hui et comprenait le châu de Thủy-vĩ qui a servi à former la province de Lao-kay. Le nom de Lao-kay a remplacé celui de l'ancien siège du châu et celui de l'ancien poste voisin de Bảo-thang, célèbre dans les annales annamites.

(5) Formé depuis la 16e année de Minh-Mạnh (1835) les deux huyện de Vĩnh-tuy et Vị-xuyên.

territoire chinois du *phủ* de Khai-hóa ; au sud par le *châu* de Thủy-vĩ de la province de Hưng-hóa et au nord par le động chinois de Ngưu-dương 牛羊 (1). La limite à l'ouest est constituée par le Đổ-chú. Dans sa partie supérieure, la rive est de cette rivière, depuis le point où elle porte ce nom (2) jusqu'au hameau de Thác-ư lảng (3) 托於廊, limitrophe du châu de Thuỷ-vĩ, appartient au territoire de Tụ-long; la rive ouest depuis le hameau de Mã-bạch 馬白 (Ma-pe) jusqu'au hameau de Ma-cơ-po 麻奇哺 (Ma ki po) (4) limitrophe du châu de Thủy-vĩ appartient au phủ de Khai-hóa. Les montagnes de Mã-yên 馬鞍, du hameau de Mã-yên 馬鞨 (5), du village de Tụ-long séparent ce territoire de la Chine.

Cours du Đổ-chú. — Le Đổ-chú passe par le camp de Mã-bá 馬伯汛 coule directement jusqu'à la montagne Mi-sơn 眉山 (où il ?) reçoit une petite rivière prenant naissance dans la province de Hưng-hóa de notre pays et descend dans le châu de Thủy-vĩ. Il y a encore un ruisseau qui prend sa source au mont Mã-gia sơn 馬茄山 (Nhà-sơn ?) et parvenu au hameau de Thác-ư thôn se joint à la rivière Tạ-mộng 謝夢. Ce ruisseau est formé des eaux réunies des deux ruisseaux Hoàng-khê 黄溪 et Thổ-khê 土溪 du territoire de Tụ-long. De ce ruisseau au (point amont extrême du ?) Đổ-chú il y a une distance de 150 lý (6). »

Il ressort de ces descriptions corroborées par tous les ouvrages annamites :

1o Que le cours supérieur du sông Chảy n'est pas pour les Annamites celui que nous lui donnons sur nos cartes et qui se dirige vers l'est après Na-nang, mais un cours d'eau qui remonte vers le nord

---

(1) Les cartes modernes donnent comme limite au nord les montagnes de Lão-quân 老君山.

(2) Textuellement « depuis le Đổ-chú ». 自賭咒河至.... Lê-quí-Đôn, pas plus qu'aucune géographie d'ailleurs, ne fixe jamais le point précis en amont à partir duquel la rive gauche du Đổ-chú est territoire annamite. Plus loin également pour fixer la distance d'un point en aval à un point en amont il se sert encore de la même expression : depuis.... jusqu'au Đổ-chú. Sur la rive gauche du Đổ-chú le territoire de Tụ-long devait s'étendre au moins jusqu'à la borne frontière.

(3) Lê-quí-Đôn dit en note que dans la région les hameaux s'appellent lảng 廊.

(4) Ce nom se voit très bien sur la carte au 1/500.000 au-dessus de Pha-lung en territoire chinois.

(5) Le texte porte 鞨馬 Cách (?) mã, mais ce doit être une faute de copie pour Mã-yên. Mã-yên est un des rares lieux dont on retrouve le nom sur nos cartes. Il figure sur la carte au 1/500.000 un peu au-dessus de Tụ-long.

(6) Kiến-văn tiểu lục 見聞小錄 de Lê-quí-Đôn 黎貴惇, Bib. E. F. E. O. fonds annamite no

jusqu'en Chine après avoir délimité une partie de la frontière annamite dans une direction sud-nord.

2° Que le Đồ-chú est tout simplement le cours supérieur du sông Chảy depuis le point où, en remontant, cessant d'être une rivière entièrement annamite, l'une de ses rives, la rive droite devient territoire chinois, et l'autre rive, la rive gauche prolonge encore le territoire annamite jusqu'en un point encore indéterminé mais qui ne devait pas s'arrêter moins loin que la borne frontière. C'est donc l'une des deux rivières marquées en pointillé sur la carte au 1/500.000 et passant l'une par Ma-pai, l'autre par Ta-li. En supposant que la rivière passant par Ma-pai soit le Đồ-chú annamite elle pénètre actuellement en territoire annamite près du village de Pha-lung [1].

Nguyễn-công-Thể connaissait parfaitement l'existence du Đồ-chú comme cours supérieur d'une rivière annamite, mais faute de cartes exactes et d'instruments de direction, il lui était évidemment difficile de le retrouver par le nord à travers un pays très difficile et surtout de ne pas le confondre avec un autre cours d'eau.

Il est également nécessaire afin d'épuiser la question d'examiner la description du Đồ-chú du côté chinois.

Nous avons dit que les cartes du phủ de Khai-hóa des deux éditions du Yun-nan thong tche mentionnaient le cours du Đồ-chú.

La première édition de cet ouvrage ne contient aucune description de ce cours d'eau, seule la deuxième édition fournit, d'après des citations empruntées à d'autres ouvrages, les renseignements suivants :

« Après leur jonction, ces deux cours d'eau (le Đồng-xa hà 同車河
« et le Mã-chát-sung hà 馬札衝河) forment le Đồng-xa hà 同車河
« qui, après avoir coulé dans une direction ouest-sud se jette dans le
« Bàn-long hà 盤龍河 [2]. Après avoir parcouru quelques dizaines de
« *lý* (le Bàn-long hà reçoit sur sa droite au pont de Thiên-sinh
« 天生橋 la rivière Đồ-chú 賭兕河.

---

(1) D'après les renseignements fournis par M. le Lieutenant BUAT, Commandant du poste de Pha long, et qu'a bien voulu nous communiquer M. le Résident de Lao-kay SERVOISE la rivière qui passe à 1 km. 500 de Ma-pai ou Ma-peu est appelée Đồ-chú dans la région. Les Chinois ne pouvaient ignorer ce nom. En prétendant l'ignorer, ils cherchaient donc uniquement à embrouiller la situation en créant une confusion avec un affluent de la rivière Claire portant le même nom dans leurs géographies, comme on le verra plus loin.

(2) C'est notre rivière Claire.

« *Le Đồ-chú.* — Le Đồ-chú prend sa source à cent et quelques « dizaines de lý au sud-ouest du siège du *phủ.* Après un parcours « est-sud de quelques dizaines de *lý* au milieu des montagnes, il « disparaît ; il se montre de nouveau quelques dizaines de *lý* plus « loin, coule dans la direction est et se jette dans le Bàn-long.

« Autre citation. — Après un cours souterrain de quelques *lý*, il sort « vers le sud et forme, avec une direction est-sud, la boucle du « Đằng-kiều hà. 藤橋河. Cette boucle a une longueur de 180 lý et « pénètre au Sud dans le royaume de Việt-nam. Il entre au sud dans le « fleuve Thanh-thủy 清水江 ».

Ainsi donc les Chinois situent à l'est du territoire de Tụ-long un cours d'eau que les Annamites prétendent être la limite ouest de ce même territoire. On ne sera pas surpris dans ces conditions des discussions oiseuses que ne pouvaient manquer de soulever de pareilles divergences. Mais s'agissait-il bien du même cours d'eau ? Il ne paraît pas que les délégués chinois et annamites aient songé à élucider cette question.

Les textes annamites ne fournissent aucun renseignement sur l'endroit précis où les bornes frontières furent érigées.

Elles ne furent cependant pas négligées par les Annamites. Lê-quí-Đôn dit que la stèle annamite est abritée sous une paillotte dans un endroit très broussailleux et que la stèle chinoise, érigée sur un monticule de terre, est abritée sous un pavillon recouvert en tuiles et qu'un poste militaire fut établi à côté pour la garder.

Le Đại nam nhất thống chí dit (province de Tuyên-quang) : que la 13e année de son règne (1833), Minh-mạnh donna l'ordre au chef de la province de corriger l'inscription de la borne stèle chinoise et d'en prendre une empreinte. Le Đồng khánh sắc chê ngự lãm (1886) à l'occasion de la description du Đồ-chú dit : Sur ses rives il y a les pavillons abritant les bornes frontières. La borne de notre pays tombe actuellement en ruines (1).

---

(1) Avec une amabilité dont nous le remercions bien vivement. M. le Résident de Lao-kay, SERVOISE, nous a encore communiqué les renseignements ci-après sur cette stèle borne frontière. Ces renseignements très importants qui viennent encore confirmer l'identité de la rivière passant par Ma-pai, ont été obtenus par M. le Capitaine Dezou, délégué administratif à Muong-khuong d'un ancien lý-trưởng de Tụ-long.

« Quelles étaient les frontières du territoire de Tụ-long ?

« A l'ouest la rivière de Ma-pai qui porte le nom de Kosoho (région de Lao-kay) « et de Đồ-chú-hà (région de Ma-pai) jusqu'à une borne en pierre taillée qui se

Dans un relevé d'étapes de Tuyên-quang au poste de Tụ-long en passant par le poste de Hương-mang ce dernier ouvrage dit encore qu'il y a une journée et demie de marche du poste de Tụ-long à la stèle borne frontière. Dans un autre relevé d'étapes de Tuyên-quang à Tụ-long en passant par Hà-giang ce même ouvrage dit encore qu'il y a une journée de marche du poste de Tụ-long à la frontière chinoise, probablement le Đỗ-chú, mais sans préciser le point d'arrivée.

La géographie de Tự-đức donne comme longueur du Đỗ-chú 172 lý. D'après les règles cette mesure ne doit se rapporter qu'à la partie du cours d'eau intéressant les Annamites. Enfin, on a vu que Lê-quí-Đôn dit que du point de jonction de certain affluent de Đỗ-chú au (point terminus du ?) Đỗ-chú il y a 150 ly.

Mais le territoire de Tụ-long ne possède pas qu'une seule mine de cuivre. Lê-quí-Đôn en cite trois et donne un court historique sur chacune d'elle, ce qui paraît établir qu'elles sont bien indépendantes les unes des autres. Or d'après la version que cet auteur fournit de l'affaire de Tụ-long, il ressort clairement qu'en 1724 les Chinois ne s'emparèrent que de la mine de zinc et d'une seule mine de cuivre dont il donne le nom : la mine de Bán-gia 半加. Les Annamites avaient donc conservé à ce moment les autres mines, c'est-à-dire toute la partie du territoire à l'est du village de Tụ-long. Le désastre fut plus complet en 1887 car les Chinois réussirent à se faire céder le territoire tout entier de Tụ-long et une partie du territoire de Bình-ri jusqu'à la rivière Claire. Les notes fournies par le Kiên-van-Lục sur le territoire de Tụ-long sont importantes et fort copieuses, elles constituent même l'unique sujet du paragraphe spécial au châu de Vị-xuyên de son chapitre sur la province de Tuyên-quang. Outre les précisions qu'elles apportent sur certains points obscurs de la version des Annales du règlement diplomatique de l'affaire de Tụ-long, et les renseignements très intéressants qu'elles fournissent sur les choses de la région,

---

« trouvait à 4 kilomètres de Ma-pai et dont les dimensions étaient d'environ 2 mètres sur 1 mètre ; cette pierre portait de nombreuses inscriptions précisant « d'abord la frontière de ce côté et mentionnant ensuite les serments faits par les « mandarins des deux pays pour la respecter.

« La borne fut enlevée il y a une quinzaine d'année et transportée dans la pagode « de Ma-pai. Les inscriptions qui y figuraient furent effacées et remplacées par « d'autres.

« Quel est le nom de la rivière qui passe à Ma-pai ?

« Elle porte différents noms selon les régions qu'elle traverse. Son cours supé- « rieur (région de Ma-pai) est surtout connu sous le nom de Tou-chao ho « (賭咒河 si. an. Đỗ-chú-hà) son cours inférieur (district de Lao-kay) sous « celui de Kos-so-ho. »

elles sont d'un précieux secours pour la reconstitution des anciennes frontières. Le début de ce paragraphe, consacré à la description des cours d'eau et des limites nous a déjà servi à situer le cours du Đồ-chú. Viennent ensuite les sujets dont nous donnons la traduction ci-après.

« La 5e année Bảo-thái (1724) le Tổng-đốc du Yun-nan Cao-kỳ-Chác 高其倬 se fiant aux dires du Tổng-thôi 總催, Dương-gia-Công 楊加功 voulut traverser le fleuve (1) et s'emparer de la mine de cuivre du hameau de Bán-gia 半加 et de la mine de zinc du hameau de Kha-thôn 歌村 du territoire de Tụ-long, qu'il prétendait appartenir à la Chine et avoir été usurpées par nos mandarins indigènes et adressa une lettre officielle aux fins d'enquête et réglement.

« Il confondait le hameau de Ma-tu 麻須 du territoire de Tụ-long, ainsi que les hameaux dont les noms suivent, avec le chại de Mã đô giật 馬都戛寨; le hameau de Tà-lộ 斜路 avec le chại de Bô-đô 布都寨; le hameau de Phù-không 扶空 avec le chại de A-không 阿空; le hameau de Phù-ni 扶尼 avec le chại de Bạch-nê 白泥; le hameau de Nhĩ-hô 爾呼 avec le chại de Ngưu hô hắc 牛呼黑, enfin il confondait les eaux du Tam-khê 三溪 (ou des trois ruisseaux ?) avec le Đồ-chú

« Le Chân-quan de Tuyên-quang adressa un rapport exposant la situation, auquel il joignit un relevé des routes d'étapes (2).

De l'est, en partant des postes de Ninh-biên 寧邊 et Hà-giang (3) 河陽, en passant par les villages de Phương-độ 方度 et Phân-vũ 奮武

---

(1) 欲過江 Il s'agit probablement du Đồ-chú, mais le qualificatif de hà 河 rivière, étant le seul que nous ayons vu jusqu'ici appliquer à ce cours d'eau, nous avons préféré nous en tenir aux termes du texte.

(2) Ce relevé doit avoir pour but d'établir les limites des territoires contestés, Par suite des modifications fréquentes que subissent les noms de lieux dans ces pays. il est difficile de suivre ces relevés d'étapes sur nos cartes même en territoire annamite. Pour ce qui est de la portion de territoire actuellement annexée à la Chine, soit parce que les noms officiels ne correspondent pas aux noms locaux, relevés par les topographes, soit parce que les anciens noms avaient déjà été modifiés par les Chinois, on n'y retrouve que quelques rares noms de lieux importants. Mais il sera évidemment très facile de reconstituer le tracé de ces étapes avec le concours d'anciens mandarins de la région bien au courant des détails du pays.

(3) Ce nom devrait se prononcer Hà-dương, mais pour ne pas choquer de vieilles habitudes, nous conservons la prononciation courante.

jusqu'au hameau de Bán-gia 半加 3 jours et 4 heures. (1) — Du hameau de Bán-gia jusqu'au mont Mã-yên 馬鞍 en passant par le marché de Tụ 聚市, la passe de Bắc-tỉ 北比, (2) le mont Mang-tá 芒些, le ruisseau Tam-thổ 三土, les montagnes de Ma-cô 麻孤, Cô-chi 孤支, Ma-thọ 麻壽, Bô-tịnh 布並 et Lô-sơn 爐山 : 1 jour 5 heures ; — De Mã-yên jusqu'à la mine de zinc (3) en passant par les monts Đông-y 東依, Khâu-mộ 丘謨, et Cơ-bá 基播 : 2 heures. — De la mine de zinc jusqu'au hameau de Tà-lộ en passant par les monts Chi-sơn 支山, Đông-ký 埬旣 et Mô-la 模羅 : 3 heures. — Du hameau de Tà-lộ au hameau de Ma-tu 麻須 en passant par les monts Ma-tê 麻犀, Ma-y 麻依 et Lương-kê 良稽 : 3 heures.

« Du hameau de Ma-tu au hameau de Phù-không 扶空 en passant par les monts Chi-sô 支芻, Tông-chiên 宗氈, Li-chi 離支, Mê-phu 迷甫, Na-ngọ 那午 et le défilé de Kim-sơn 金山 : 6 heures.

« Du hameau de Phù-không jusqu'au hameau de la montagne de Phù-ni 扶尼 en passant par les monts Nhân-sơn 仁山, Kha-lộ 㘀路 et Dã-sơn 野山 : 4 heures. — Du hameau de Phù-ni 扶尼 au hameau de Nhĩ-hô 爾呼 en passant par le mont Khư-đình 祛丁 : 2 heures.

« Du Nord-est, en partant du hameau de Bán-hoà 半和 du village de Bình-ri du canton de Phú-linh 富靈, arrosé par la rivière Tụ (4) du village de Tụ-long jusqu'au mont Mã-yên en passant par le marché de Tụ 聚市 : 2 jours et 6 heures. De Mã-yên jusqu'au hameau Nhĩ-hô 爾呼 en passant par la mine de zinc (Duyên xưởng), les hameaux de Tà-lộ, Ma-tu 麻須, Phù-không 扶空 et Phù-ni 扶尼 : 2 jours.

« Du sud-est en partant du hameau de Niêm-thông 捻通, du village de Yên-quảng 安廣, du canton de Mục-hà 穆河, du châu de Vị-xuyên, limitrophe de la mine d'argent de Thủy-đồng 水峒 du territoire du village de Tụ-long, jusqu'au hameau de Nhĩ-hô et en poursuivant jusqu'à la montagne de Mã-yên, en passant par les hameaux de Tỉ-bao 比包 (ou Tử-bao 子包), Niêm-xa 捻車, Vẫy-thự (?) 提署, Niệm-liên 捻連, Tà-hồng 斜烘, Niệm-bô 捻哺 et Đông-kê 東繼 du territoire de Tụ-long : 5 jours et 6 heures.

« Du động de Sơn-yêu 山腰 du châu de Thủy-vĩ de la province de Hưng-hóa, limité par le Đồ-chú de Tụ-long jusqu'au hameau de Nhĩ-hô

---

(1) Il s'agit d'heures chinoises 時, équivalant à 2 des nôtres Pour éviter toute confusion, nous donnons la correspondance en heures de notre temps.

(2) La passe de Bắc tử 北子 des géographies actuelles ?

(3) Duyên-xưởng 鈆廠. L'expression paraît souvent être employée comme nom propre.

(4) Abbréviation de Tụ-long, ainsi que dans le marché de Tụ.

et en poursuivant jusqu'au mont Mã-yên, en passant par les monts Thi-bây (ou bi) 施擺, Thiên-mi 千眉 et Li-bi 籬擺 3 jours.

« Points des limites extrêmes des hameaux [1] contestés :

« De Mã-yên en passant par les monts Khâu-mô, Thự-nhữ (nhà ?) 署茹 et Đỗ-chú jusqu'à la rivière Đỗ-chú : 2 heures ; depuis la mine de zinc de Duyên-xưởng en passant par la montagne Khâu-mô 丘模 jusqu'au Đỗ-chú : 1 quart d'heure. Du hameau de Tà-lộ en traversant le mont Kha-sơn 歌山 jusqu'au Dỗ-chú : 2 heures. Du hameau de Ma-tu jusqu'au Đỗ-chú en passant par la montagne U-thụy 幽瑞 : 1 quart d'heure. Du hameau de Phù-không jusqu'au Đỗ-chú en passant par les montagnes de Kim-sơn et Thác-ư 托於 : 1 demi journée. Du hameau de Phù-ni jusqu'au Đỗ-chú en passant par les montagnes du hameau de ? Lư 嘍盧 : 2 heures.

« Du hameau de Nhĩ-hô jusqu'au Đỗ-chú en passant par les monts du Đỗ-chú la moitié d'un quart d'heure.

« Le Bô-chính 布政 du Yun-nan envoya sans autres explications des soldats à Tụ-kha réquisitionner du cuivre. Le Tổng-chấn 總鎮 de Khai-hoa vint également sur les bords de la rivière, établit un (poste de ?) passage à la montagne de Yên-sơn et planta un écriteau en bois au ruisseau de Tam-khê. Le Seigneur [2] prescrivit au Chấn-thủ, Trịnh-Kính 鄭境 de donner secrètement l'ordre aux chefs indigènes de résister par la force à l'avance des Chinois et de se maintenir sur leurs positions. Kính se porta en avant et s'établit au hameau de Phù-Lung 扶籠 [3]. Le Tổng-chấn (chinois) Phùng 馮 recula alors et s'en retourna en disant au Phụ-đạo [4] Hoàng-văn-Mai 黃文枚 que, d'après les recueils de géographie, depuis le phủ de Khai-hóa, dans la direction du sud, jusqu'à la rivière Đỗ-chú. il y avait une distance de 240 lý et que par conséquent (le territoire chinois) ne s'arretait pas à l'endroit (occupé par les Annamites) mais devait s'étendre jusqu'à la rivière Ninh-Biên 寧邊.

---

(1) Le point de départ doit s'entendre de la limite extrême du territoire du hameau et non du hameau lui-même.

(2) Le texte porte 上命. Il ne peut s'agir évidemment que des Seigneurs Trịnh qui, à cette époque, gouvernaient en fait le royaume C'était Trịnh Cương qui détenait le pouvoir à ce moment.

(3) Le Pha-lung des cartes ?

(4) 輔導, titre spécialement réservé aux chefs de clans des provinces frontières. Il y avait également des phụ đạo adjoints ou phó phụ-đạo. Ce titre n'était pas compris dans la hiérarchie mandarinale ordinaire. L'attribution de ce titre relevait du Gouvernement central, mais il était aussi accordé quelquefois par les Chân-quan.

« Le Seigneur fit adresser un rapport à Cao-kỳ-Chắc et envoya par l'intermédiaire du Tổng-đốc des deux Quảng (1), Khổng-dực-Tuần 孔毓珣 un mémoire à l'Empereur de Chine pour discuter clairement les faits.

« La 6e année (1725) il y eut une lettre de Kỳ-Chắc disant qu'à l'occasion de son équipée militaire Trịnh-Kính avait tenu des propos irrévérencieux (envers la Chine ?) et priant qu'on le rappelât en lui adressant un avertissement immédiat.

« Puis une deuxième lettre disant que la rivière qui passait au pied de la montagne de Duyên-xưởng n'était pas le Đổ-chú ; qu'à une distance de 100 et quelques lý au delà de Đô-long 都龍 (2) il y avait une grande rivière appelée Ninh-biên 寧邊 qui était le cours d'eau désigné dans les géographies sous le nom de Đổ-chú (3) et que c'était à cet endroit que la limite de la frontière devait être fixée. Que pour toutes ces raisons (4) : en ce qui concernait les 240 lý de territoires perdus à la fin de la dynastie des Minh, il n'y avait pas lieu d'examiner la question davantage, que pour les 120 lý de territoires perdus sous la dynastie (chinoise) actuelle, il venait de recevoir des instructions de l'Empereur enjoignant de fixer les limites au bas de la montagne de Duyên-xưởng et de classer l'examen de tous les autres chefs de réclamation. Le Seigneur prescrivit de rédiger une réponse dans laquelle les faits étaient de nouveau discutés.

« Peu de temps après parvint une lettre de l'Empereur de Chine faisant connaître qu'il avait donné l'ordre au Tổng-đốc (du Yun-nan) de retirer ses troupes du hameau de Tà-lộ, que la question de délimitation était l'objet de nouvelles délibérations et engageant notre Souverain à attendre en toute quiétude le résultat de ces délibérations. Kỳ-Chắc nous informa encore qu'il avait enjoint aux commissaires de se réunir pour prendre une décision.

« Le Seigneur donna l'ordre de répondre (à Kỳ-Chắc) que les terres et les habitants du territoire borné par le Đổ-chú avaient de tout temps fait partie de notre pays. Comment, (était-il dit dans cette réponse), oserais-je ne pas me montrer satisfait du don qui m'est octroyé au-

---

(1) Quang-tong et Quang-si. La Cour d'An-nam s'adressait plus spécialement au chef de ces deux provinces pour la transmission de ses messages à la Cour de Chine.

(2) Transcription chinoise du nom de Tụ-long.

(3) Le Ninh-biên est donc un autre nom du Đổ-chú chinois.

(4) Le rapport devait s'étendre sur toutes les autres réclamations annamites, que LÊ-QUÍ-ĐÔN laisse de côté, son exposé ne portant que sur l'unique affaire de Tụ-long.

jourd'hui ? Pour ce qui est du Khai-hóa, c'est un territoire situé à la limite extrême du Yun-nan, qui constituait sous les Minh les trois trưởng-quan-ti (1) de Giáo-hóa 教化, Vương-lộng 王弄 et An-nam 安南. Cette organisation fut encore conservée au début de la dynastie céleste régnante. Et ce ne fut que la 6e année Khang-hi (1667) qu'on éleva ce territoire au rang de phủ et qu'on lui octroya des mandarins de l'ordre administratif des cadres réguliers. Je ne sais pour quelles raisons, la 22e année Khang-hi (1683) un thổ-mục de mon royaume se permit d'empiéter sur le territoire chinois.

« Kỳ-Chác répondit : Vous ne cessez d'affirmer que vous avez des preuves établissant que les territoires, situés en dedans du Ninh-biên et au delà du lieu dit Tieu mãn 小滿 (2) de la montagne de Duyên-xưởng, appartiennent à votre pays, mais de notre côté nous ne manquons pas d'éléments établissant nos droits. Vous n'êtes pas fondé à dire de vos preuves, qu'elles sont sûres et certaines jusque dans leur moindre mot et des documents chinois qu'ils sont douteux jusque dans leur moindre détail. Mais enfin, notre Empereur le Fils du Ciel vous ayant accordé par grâce exceptionnelle un bienfait que vous avez déclaré vous-même être un bienfait des Cieux (3), il est inutile d'insister davantage là-dessus. Présentement, en ce qui concerne la question de délimitation des 80 *lý* de territoires restitués, en dedans du lieu dit Tiểu-mãn de la montagne de Duyên-xưởng et au-delà du camp de Mã-bá (4), je vous prie d'inviter d'urgence vos sages dignitaires à fixer la date de réunion de la commission d'enquête.

« Le Seigneur donna l'ordre aux mandarins Hồ-phi-Tích 胡丕績 et Võ-công-Tể 武公宰 de se rendre sur les lieux avec le tri-phủ du Quảng-nam, Phiên-doãn-Mẫn 潘允敏, pour faire partie de la commission. Doãn-Mẫn s'attacha opiniâtrement à faire établir les limites au bas de la montagne de Duyên-xưởng.

« La 7e année (1726), en automne, nous reçûmes une lettre de l'Empereur de Chine autorisant, conformément à la décision du Ministère de la Guerre, la délimitation du territoire restitué au bas de la montagne de Duyên-xưởng. A cette époque Kỳ-Chác avait été nommé Tổng-đốc du Tche-kiang et Fou-kien. Le nouveau Tuần-phủ 巡撫 du Yun-nan et Koei-tcheou, Ngạc-nhĩ-Thái 鄂爾泰, était un homme sage et

(1) 長官司.
(2) Petit marché de Duyên-xưởng ?
(3) Allusion aux 80 lý de territoire dont le restitution venait d'être accordée.
(4) 馬泊汛.

décidé. Lorsqu'il apprit par la lecture de nos lettres que nous accusions le phủ de Khai-hóa d'empiètements et le phiên tri-phủ 潘知府 d'avoir rendu une décision injuste, il envoya une lettre pour blamer notre incorrection et notre orgueil.

« La 8e année (1727), au printemps, les autorités provinciales du Yun-nan envoyèrent des commissaires pour planter la borne frontière au bas de la montagne de Duyên-xưởng.

« Le Seigneur prescrivit d'écrire de nouveau à Nhĩ-Thái en même temps qu'il lui envoyait un message à l'adresse de l'Empereur. Une lettre fut également envoyée à Đục-Tuân (1) contenant pareillement un message à l'adresse de l'Empereur de Chine. Dans une lettre en réponse nous renvoyant le mémoire à l'Empereur de Chine, Nhi-Thái nous reprochant fortement notre résistance insensée. nous invita à rédiger un nouveau mémoire à l'Empereur dans lequel nous reconnaîtrions nos torts. A-khác-Đôn 阿克敦 faisant fonctious de Tổng-đốc des deux Quang nous retourna également le mémoire adressé à l'Empereur par son intermédiaire en disant que cette affaire n'intéressant pas sa province, il ne lui appartenait pas de le faire parvenir.

« Dans le courant de l'été parvint un message de l'Empereur de Chine. Le mandarin indigène de Tụ-long, Hoàng-văn-Tuy 黃文綏, dit (aux courriers chinois?) qu'on n'avait pas voulu transmettre le message de notre pays à l'Empereur de Chine qui avait été renvoyé, ainsi qu'il avait pu le constater et les engagea à passer par une autre route plus à l'est pour porter le saint édit (2), à moins qu'ils n'aimassent mieux attendre à la mine de zinc que le roi soit informé et l'envoie recevoir. Que différemment et s'ils essayaient de forcer le passage, les assaillants fussent-ils aussi courageux que des tigres et des léopards, lui Tuy et ses gens se chargeraient de le défendre, et les empêcheraient de passer.

« Lorsque le Seigneur apprit l'incident, il le blâma fortement et enjoignit immédiatement au Chân-quan de donner l'ordre aux mandarins indigènes de recevoir le message impérial. Mais l'envoyé du Khai-hoa exigeait l'envoi d'un haut dignitaire pour recevoir le message, ce qui fut refusé. Le Seigneur adressa de nouvelles instructions aux services du chân pour qu'ils aillent recevoir le Message Impérial en qualité de délégués de la Cour. Mais avant qu'ils ne fussent de retour nous recevions des lettres (3) du Tuân-phủ du Quang-si, Hán-lương-Phụ 韓良輔, du

(1) Le Tổng-đốc des deux Quảng.
(2) Lettre de l'Empereur.
(3) Une lettre ?

Tổng-đốc des deux Quảng, Không-dục-Tuân et du Đề-đốc 提督 du Quang-si, Điền-Tuân 田畯 disant que d'après des informations qu'ils avaient reçues de Nhĩ-Thái, un thổ-mục de notre pays avait refusé de recevoir un message de l'Empereur, ce qui constituait un acte de désobéissance et de résistance, qu'en conséquence, ils exigeaient : 1o une enquête et la mise en accusation des coupables en vue d'appréciation ultérieure, 2o la réception immédiate du message impérial et l'adresse d'une demande de pardon.

« Le Seigneur fit répondre que l'incident avait été provoqué par un chef indigène ignorant et stupide et que le nécessaire avait déjà été fait en vue de l'arrêter pour lui infliger le chatiment de sa faute. Peu de temps après, le Chấn-thủ Nguyễn-trọng-Ý 阮仲意 apportait à la capitale le message impérial qu'il était allé recevoir. La lettre impériale conçue dans des termes conciliants disait : « J'ai été informé par « les Tổng-đốc des deux Quảng et du Yun-nan que vous aviez cherché « à me faire parvenir un mémoire par leur intermédiaire. Bien que ce « mémoire ne m'ait pas été présenté, les points principaux de vos « réclamations me sont connus et j'ai pu me rendre compte de l'aveu- « glement de votre obstination et de l'insatiabilité de vos désirs. Je « vous engage à observer respectueusement mes conseils si vous voulez « que j'oublie le passé et que je vous accorde mes faveurs dans l'avenir. « Car si vous persistiez à nourrir des desseins (répréhensibles) ou à « user de ruses, je considérerais cela comme un manque de respect et « d'obéissance et alors vous n'auriez plus à compter sur mon amitié ».

« Le Seigneur fit alors écrire une lettre d'excuses à l'Empereur de Chine, et en faisait aviser en même temps Ngạc-nhĩ-Thái. (Lorsque) Nhĩ-Thái avait appris que le passage de la passe était libre et que le message impérial avait été reçu, il avait écrit pour exprimer ses torts. Il adressa alors une nouvelle lettre pour nous exprimer ses sentiments d'affection et de sollicitude.

« Les ambassadeurs, Hàng-dịch-Lộc 杭奕祿 et Nhậm-lan-Chi 任蘭枝, ayant rang d'excellences, furent ensuite chargés d'apporter à la Cour d'Annam les instructions de l'Empereur de la Chine. Une lettre du Ministère des Rites, partie à l'avance nous prévenait de leur arrivée.

« La 9e année *(avril 1728)*, au 3e mois, Nhĩ-Thái nous informait qu'en témoignage immédiat de satisfaction des sentiments de reconnaissance et de repentir exprimés par nous, l'Empereur nous accordait en récompense les 40 *lý* de territoire ; que de hauts dignitaires avaient déjà été désignés pour nous apporter, en passant par la route des deux Quảng, la décision impériale, que nous pouvions donc envoyer de hauts dignitaires à leur rencontre pour les recevoir ; et enfin que de son côté il envoyait des commissaires à Khai-hoa pour procéder à la délimitation de la frontière.

« Le 13e jour du 6e mois (19 juillet), les ambassadeurs arrivèrent à la capitale. Le 17e jour, lecture fut donnée de la lettre impériale. Le 8e mois, Nguyễn-huy-Nhuận 阮輝潤 et Nguyễn-công-Thể 阮公寀 arrivèrent à Tụ-long où, de concert avec les commissaires chinois, ils fixèrent les limites.

« La 10e année (1729), un présent composé de produits du pays fut envoyé en hommage de remerciement du règlement de l'affaire de frontière de Tụ-long. La raison de cet envoi était la durée de l'affaire, dont le règlement n'avait pas demandé moins de cinq années de pourparlers.

« D'après les limites actuelles fixées au Đỗ-chủ, la partie à l'est de la rivière forme le territoire du village de Tụ-long de notre pays. Sur la berge de la rivière il y a une stèle abritée sous une paillotte, entourée d'un fourré touffu d'herbes et d'arbustes. La partie à l'ouest appartient au territoire de Khai-hóa. Sur la berge de cette rive il y a une stèle érigée sur un monticule de terre, abritée sous un pavillon recouvert en tuiles. Un poste militaire a été établi à côté pour en assurer la garde.

« Nous avions obtenu au total les dix sept hameaux ci-après : Nhĩ-hô 爾呼, Mạnh-dinh 孟釘, Phù-ni 扶尼, Phù-li 扶離, Phù-châu 扶周, Chĩ-giang 峙江, Phù-không 扶空, Ma-hô 麻呼, Bố-ma 布麻, Hô-khâm 呼襟, Mã-khao 馬熇, Tà-lộ 斜路, Yên-mã 鞍馬, Mã-thọ 馬壽, Tụ-kha 聚歌, Thông-sự 通事, et Mã-đề 馬蹄.

Organisation militaire.

« La 3e année Bảo-thái (1722) alors que Nguyễn-thành-Lý 阮成理 exerçait son commandement militaire dans la province de Tuyên-quang, il avait sous ses ordres comme Commandant du Corps de Gauche, 400 soldats provenant du recrutement local. Il fit un rapport dans lequel il exposait que les territoires de Bình-ri et Tụ-long étaient limitrophes de la Chine, que toutes les mines d'or, d'argent, de cuivre et de zinc se trouvaient sur ces territoires et que, dans le cas où une affaire pressante [1] viendrait à se produire, le temps nécessaire pour

[1] Euphémisme classique pour exprimer l'idée d'attaque, d'agression, révolte etc.

prévenir les postes de Tĩnh-biên 靜邊, Hà-giang ou Linh-tràng 靈場 et revenir n'étant pas inférieur à dix journées de marche, il était à craindre que ces postes ne pûssent prêter un secours efficace. En conséquence, il demandait, tant pour assurer la garde du poste de Tụ-long que des postes auxiliaires un contingent de 2.315 hommes qui seraient distribués de la façon suivante : poste de Tĩnh-biên 370 hommes et 4 officiers ; — poste de Trung-mang 中牻 873 hommes et 9 officiers ; — poste de Hà-giang 300 hommes et 5 officiers ; — poste de Linh-tràng 320 hommes et 5 officiers ; — poste de Ninh-bắc 寧北 321 hommes et 6 officiers ; — poste de Tụ-long 353 hommes et 6 officiers. Ces forces seraient complétées par les partisans des chefs indigènes Hoàng-văn-Chi 黃文枝 et Hoàng-văn-Tuy 黃文綏 du territoire de Tụ-long à raison de 50 hommes chacun et des partisans des chefs indigènes Hoàng-văn-Toàn 黃文全 et Hoàng-văn-Thụy 黃文瑞 de Bình-ri à raison de 27 hommes chacun. A cette époque le Chân-quan fut chargé de procéder à l'inspection des dignitaires indigènes de la région à l'effet de se rendre compte de leur apparence extérieure et de la façon dont ils s'exprimaient, d'examiner leurs états de services particuliers et les services rendus à l'Etat par leurs ascendants. Leurs partisans furent également examinés sous le rapport de leurs aptitudes physiques et de leur valeur militaire et divisés en cinq classes : bons, assez bons et ordinaires, âgés et faibles. Les élévations ou abaissements de commandements, les témoignages de satisfaction ou les avertissements furent soumis aux règles de la plus stricte équité. »

Relais de courriers.

« L'année *tân-sửu* 辛丑 de Bảo-thái (1721), on organisa les services des courriers. Le chân-quan de Tuyên-quang proposa dans un rapport : pour les plis envoyés de la capitale, de les acheminer par voie de terre en empruntant les relais de la province de Sơn-tây jusqu'au relai du village de Hòa-mục 和睦 du huyện de Đông-lan 東蘭, et de là sur le relai du village de Đông-thủy 東水 du huyện de Phúc-yên 福安 d'où ils seraient apportés au chef-lieu. Pour les plis de la province à destination de la capitale, il demandait d'être autorisé à les envoyer par bateau, en les confiant aux corporations de pêcheurs ou bateliers qui apporteraient les plis en se les transmettant des uns aux autres en descendant le fleuve. Il demandait d'être également autorisé à envoyer par la même voie, lorsque le cas se présenterait, l'argent de l'impôt et les présents de produits régionaux. Il exposait encore, que du siège de la province, il y avait 15 jours de voyage par voie d'eau jusqu'au poste de Trung-mang 中牻 ; 13 jours de voyage jusqu'aux postes de

Yên-biên, Hà-giang et Linh-tràng, 4 ou 5 jours jusqu'à différents postes et défilés de la rivière, 4 ou 5 jours jusqu'à Đại-miên 大沔, Tiểu-miên 小沔, Bình-ri et Tụ-long et demandait, lorsqu'il aurait des plis à envoyer à ces endroits, soit par voie de terre, soit par la voie fluviale, d'être autorisé à les confier à des courriers qui seraient rétribués sur les fonds publics ; et que pour les citations, sommations et autres pièces de ce genre il chargerait les gens de la région de les porter sans rétribution. Ce rapport était motivé par le fait qu'à cette époque, on percevait une contribution annuelle de 1 *tiền* sur les militaires des provinces excentriques pour subvenir aux frais d'entretien des courriers de poste. Par la suite, cette contribution cessa d'être perçue et cette tentative d'organisation d'un service de poste par courriers appointés fut abandonnée (1) ».

Géographie physique et économique.

Le territoire de Tụ-long est situé dans une région très montagneuse. Les habitants des hameaux vivent sur les flancs des montagnes. La seule végétation de ces montagnes, dénudées d'arbres, est une sorte de petit bambou qui croît en abondance, c'est pourquoi les eaux sont très saines. Les terres sont d'excellente qualité et pourraient convenir à des plantations d'arbres. Il s'y trouve également des sources qui ne tarissent à aucun moment de l'année et les indigènes s'en servent pour irriguer les champs établis sur les flancs des collines. Le riz vient très bien et les rizières sont d'excellente qualité. On ne sème que le riz d'automne, il n'y a pas de riz d'été. Un mẫu de rizière rapporte ordinairement 20 charges de paddy. Les indigènes décortiquent généralement le riz au moyen d'un outillage mû par le courant des ruisseaux de sorte que cette opération ne leur coûte aucun travail. On ne vend sur les marchés que du riz blanc. On le vend par « tube », ce qui est la mesure de capacité de la localité, à raison de 8 ou 9 sapèques le tube, ce qui représente la quantité nécessaire au repas d'une personne. 100 tubes de riz représentent un « panier » d'une valeur de 1 taël 2 phân d'argent. Le sel est généralement acheté au chef-lieu de la province et à raison de 32 ligatures les 1.000 cân équivalant à 10 « paniers ». Rendu à Hà-giang, ce prix s'élève déjà à 50 ligatures et à

---

(1) Le paragraphe qui suit est consacré à la nomenclature des 40 relais de courriers depuis Tuyên-quang jusqu'à Tụ-long avec description détaillée des principaux accidents de la route. Le paragraphe étant assez long et n'intéressant pas directement notre travail, nous nous bornons à le signaler, sans en donner la traduction.

son arrivée à Tụ-long, le prix du sel atteint 2 tiền le *cân*, soit 20 ligatures les 100 *cân* (1). Le sel de l'état, en Chine, est cher et d'un goût amer, aussi les Chinois viennent chez nous en passant par la passe de Bình-ri pour échanger des plantes médicinales contre du sel qu'ils rapportent en cachette et vendent clandestinement. Les habitants des villages de la région n'ont pas de bois à brûler (2) ils exploitent sept galeries de mines de charbon situées à une ou deux journées de marche de la mine de cuivre. L'huile est également importée de Chine. De jour et de nuit c'est un défilé ininterrompu (de voyageurs et de marchands) ; c'est ce qui explique le rendement considérable des impôts du marché de Tụ. Les cotonnades sont vendues au chef-lieu. Soldats et habitants sont généralement vêtus de robes de cotonnades teintes en cu-nâu.

« Les chevaux proviennent du phủ de Khai-hóa en Chine. Les bons valent jusqu'à 7, 8 *dật* 鎰 (3) d'argent et ceux de qualité inférieure 2 ou 3 *dật*. Certains atteignant la taille d'un éléphant femelle valent jusqu'à 40 *dật*. Les buffles et les mulets sont en grand nombre.

« Il y a 180 *suất* 率 (4) d'inscrits militaires sur lesquels on prélève une recrue principale chính 正 (5) et deux recrues supplémentaires *đài* 擡 par *suất*. Un *suất* fournit donc trois recrues.

« On les prend proportionnellement au nombre des individus et des familles. Leur recrutement peut fournir un contingent de 2.000 et quelques hommes.

« Les Thổ « dès leur naissance achètent un fusil, lorsqu'ils sont grands s'exercent à tirer. (6) ». Ils sont propriétaires des armes qu'ils

---

(1) Ce prix est formidable si l'on considère qu'à cette époque 5 ligatures représentaient la valeur d'un buffle et 1 ligature la valeur d'un cochon. En nous basant sur l'impôt du sel fixé par une ordonnance de 1759 à 3 *tiền* le panier de 100 *cân* et qui devait représenter le 1/10e de la valeur marchande du produit on peut estimer le prix du sel à cette époque à 3 ligatures les 100 cân sur les salines.

(2) Probablement pour la fonte des minerais.

(3) Poids de 10 taëls ou onces, soit à 39 gr. 05 le taël, 390 gr. 5.

(4) Le *suất* est une unité de décompte des contribuables ou inscrits. Actuellement le mot *suất* ne comporte plus que l'idée d'unité simple, mais autrefois le *suất* correspondait à un groupe de 10 contribuables.

(5) Ces expressions devaient correspondre aux termes de recrutement annamite *binh* 兵 et *quân* 君. Le *binh* ou le *chính* était l'homme qui était appelé à partir immédiatement. Les *quân* et les *đài* étaient des soldats de réserve. Ils restaient dans leurs foyers et n'étaient appelés qu'au fur et à mesure des besoins pour remplacer les soldats de l'active morts, disparus ou renvoyés.

(6) Cette phrase a tout l'air d'un dicton qui devait avoir cours chez les Annamites du delta pour marquer la passion des armes à feu chez les Thổ.

détiennent, les fonctionnaires indigènes ne fournissent que la poudre et les balles et n'achètent que les fusils à support (1).

« Il y a 72 hameaux communément appelés les 72 *điền gia* 田家 (familles des rizières). La population de ces hameaux est variable. Quelques uns ont une population de plus de 100 familles, d'autres n'ont qu'une population de 70 à 80 familles ou de 50 à 60 familles. Approximativement il peut y avoir un millier de familles en tout. Chaque famille se compose de 7 ou 8 inscrits. Il y a encore sur la mine de cuivre, pour ne parler que de ceux-là, 300 familles de Chinois du nord provenant du canton de Tứ-bích 四壁 désignés sous le nom de Thủy-bì 水皮. Dans la bourgade du marché et sur les chantiers des foyers de fonte, il y a encore un millier de familles.

« Les mandarins indigènes perçoivent annuellement un impôt de 5 taëls d'argent sur chaque famille. Les étrangers qui font le commerce du cuivre paient un impôt de 1 ligature 2 *tiền* par 100 cân de cuivre. Le chiffre des impôts perçus annuellement n'est pas inférieur à 1.000 *dật* d'argent (2) et dans ce chiffre ne sont pas compris les droits des péages des passages, ni les redevances des mines.

« La région de Tụ-long est sujette aux gelées blanches, l'eau se congèle, le froid y est intense. En hiver, les indigènes se tiennent ordinairement au coin du feu ; même en été, ils portent encore des vêtements de coton fourrés. Le pays est également très brumeux. Le matin tous les hameaux sont enveloppés d'une brume très dense qui empêche d'y voir à un mètre, et qui ne se dissipe que lorsque le soleil est déjà haut.

Mines.

« Mine d'argent et de cuivre du hameau de Na-ngọ 那午.

«Cette mine se trouve en avant du poste de Tụ-long. L'année đinh-tị 丁巳 (3) de Cảnh-hưng, un ordre enjoignit au Chân-quan de mettre la mine en état d'exploitation. Le recrutement des ouvriers et tout ce qui concernait le paiement de la redevance et la perception des droits fut confié au chef indigène Hoàng-văn-Kỳ 黃文棋. Son frère cadet Hoàng-văn-Đồng 黃文桐 le remplaça comme chef de poste. Le terrain minier étant constitué par des plateaux peu élevés,

(1) Petits canons ou couleuvrines ?

(2) A une époque, les Annamites faisaient correspondre le dật au poids de 15 piastres métalliques.

(3) Il y a une faute de copie, car l'année cyclique 丁巳 (1797) ne tombe pas dans la période Canh-hung (1740-1787). Peut-être 丁丑 đinh-sửu 1757.

l'exploitation était très facile. A ce moment il y avait sur les montagnes rocheuses les 26 galeries de mine du Phượng-hoàng 鳳凰, Thiên-nguyên 天元, Tụ-bảo 聚寶, Mậu-hưng 茂興, etc.

« Les foyers de fonte du minerai se trouvaient dans le bas. Sur les deux côtés du massif, on avait creusé des canaux pour l'écoulement des eaux. Sur le sommet de la montagne du milieu, il y avait la pagode de Thọ-yêu 壽佚寺 et le temple de Quan-thánh 關聖廟. Dans le bas, se trouvaient les magasins de l'Etat, les habitations et le marché. Un canal était également creusé sur le côté gauche. La chaîne de collines de gauche s'étendait en arc de cercle et était également pourvue d'un canal du côté extérieur. Les eaux de tous les canaux se réunissaient en avant libérant la mine de cuivre.

« La mine rendait une moyenne de 450.000 *cân* (1) de cuivre par an d'une valeur d'environ 9 taëls d'argent les 100 *cân* (2). Le cuivre était transporté à dos de cheval ou de buffle jusqu'à l'embarcadère de Hà-giang. Le prix du transport ne dépassait pas 1 taël 2 *phân* (3), ce qui mettait le prix à 10 taëls, monnaie indigène les 100 *cân*. Tous les cuivres, purs ou contenant des impuretés, étaient côtés au prix uniforme de 15 ligatures (les 100 *cân*). Les chevaux faisaient le trajet de la mine de cuivre à Hà-giang en 5 jours, ils portaient une charge de 70 *cân*. Le bœufs mettaient 15 jours pour faire le même trajet avec une charge de 50 *cân*. L'Etat faisait des achats de cuivre qu'il payait à raison de 20 ligatures (pour obtenir du cuivre pur ;) mais (il était servi) comme Lưu-An 劉安 qui voulut faire construire des bateaux en fournissant les fonds, car on lui livrait bien peu de cuivre pur : les indigènes ayant l'habitude d'incorporer des résidus de minerai et du plomb au cuivre pour augmenter leurs bénéfices.

Mine de cuivre de Bán-gia 半加. — « La mine de cuivre de Bán-gia était également très prospère sous la période Bảo-thái. Elle occupait jusqu'à près de 10.000 travailleurs. L'Etat ne payait le cuivre de cette

---

(1) Cân livre chinoise et annamite de 604 grammes environ d'après le dictionnaire Couvreur et de 624 gr. 80 d'après le dictionnaire Génibrel,

(2) Un arrêté de la 1re année Cảnh-hưng (1740) cité dans le « Quốc dụng chí » du Hiền chương, fixe la valeur du taël d'argent à cette époque à 2 ligatures, ancienne monnaie ce qui faisait 3 ligatures 5 tiền 30 sapèques de monnaie dite « courante ». Si l'on considère que dans ce temps 5 ligatures représentaient la valeur d'un buffle qui vaut aujourd'hui 40 piastres au minimum, on constate que ces 450.000 cân de cuivre représentaient, en négligeant les sapèques, 1.134.000 piastres de notre monnaie actuelle.

(3) Les 100 cân ?

mine que 12 ligatures les 100 *cân*. Le cuivre de la mine de Ná-ngọ est actuellement beaucoup plus élevé. De l'année *đinh-sửu* 丁丑 (1697) à l'année *nhâm-thìn* 壬辰 (1712) soit durant quinze ans, cette mine ne fut soumise qu'à une redevance annuelle de *800 cân* de cuivre et 4 *dật* d'argent ce qui était une redevance dérisoire. Il est facile de s'en rendre compte d'après les renseignements fournis par Nguyễn-văn-Chuối 阮文鏆, serviteur de Hoàng-văn-Đồng, qui dit : qu'après les quatre fontes nécessaires à la transformation du minerai de cuivre, en soumettant 10 *cân* de ce métal à deux nouvelles fontes, on pouvait en tirer 7 ou 8 *phân* d'argent et que 10.000 *cân* de cuivre pouvaient donner 8 *hốt* 笏 (1) d'argent. La quantité d'argent qu'arrivaient à se procurer les chefs indigènes sur 300 ou 400.000 *cân* de cuivre n'était donc pas minime.

« L'année *quí-tị* 癸巳 (1713), on envoya pour la première fois une inspection sur la mine. La redevance en cuivre fut augmentée et portée à 10.000 *cân*, celle en argent ne fut pas modifiée. »

Mine d'argent de Nam-đương 南當. (2) — La mine d'argent de Nam-đương avait été primitivement concédée à ferme à un Chẩn-quan. L'année *bính-tí* 丙子 (1756), Hoàng-văn-Kỳ offrit de payer une redevance en argent plus forte (pour obtenir la gérance de cette mine) proposant, en outre, d'entreprendre l'exploitation du minerai de cuivre. A ce moment, le Gouvernement, pensant qu'il offrait ce petit supplément de redevance dans l'espoir de remplacer le chẩn-quan dans ses fonctions, rejeta sa demande. L'année *đinh-sửu* 丁丑 (1757), il eut recours au sous Directeur du Ministère des Finances Võ-đình-Chác 武廷琢, marquis de Liêu-trung 僚忠, qui lui accorda ce qu'il demandait. L'année *quí-vị* 癸未 (1763) un rapport fut adressé contre le marquis de Liêu-trung, disant « que ce personnage, « vivant dans des régions éloignées et désertes, accaparait à son « seul profit tous les bénéfices de la mine ; que les indigènes de la « région étaient unanimes à dire qu'il y avait 71 galeries de mine ne « rapportant pas moins de 100 *hốt* d'argent par an et qu'il achetait les « agents envoyés par le Chẩn-quan pour tenir les choses cachées ».

« Les Annamites du delta, en effet, qui se rendaient de Hà-giang dans cette région, mettaient 4 jours à pied pour atteindre la bourgade de Tụ-long en passant par Tha-thôn, Phần-võ, Bán-quân ou Bình-ri et n'allaient pas plus loin que la demeure de văn-Đồng. Or le bureau de

---

(1) 笏 le hốt ou *nén* en annamite : lingot, barre. C'est le lingot d'argent du poids de 1 dật ou 10 taëls, soit 390 gr. 5.

(2) Ou « Nam-Đang ».

perception de la passe de Bắc-tử et la mine de Nam-đường se trouvaient derrière les nouveaux casernements et séparés (de cette demeure) par quatre chaînes de montagnes. Il ne leur était donc pas facile de se rendre compte de ce qui se passait ni d'obtenir des renseignements. Les anciens disaient qu'en y mettant le prix on pourrait s'assurer l'appui des génies. Ces gens là ([1]) se gardaient donc bien de faire des révélations ([2]).

Voies de communication.

« Itinéraire par voie de terre de Hà-giang au poste de Tụ-long. — (de Hà-giang) en passant par l'embouchure du ruisseau Chỉ-tha jusqu'au hameau de Bắc-phẩu 北剖 du village de Phần-vỗ: 1 jour. — de ce point à Mang-đồng 㭐董: 1 jour 1/2. — de Mang-đồng à Bán-chât 半質: 1 jour 1/2. — de Bán-chât à Tụ-long : 1 jour, soit au total : 5 jours.

« Autre itinéraire : jusqu'au hameau de Bắc-phẩu : 1 jour. — de ce hameau à la bourgade de Bình-ri 平夷 ([3]) : 1 jour. — de cette bourgade jusqu'aux charbonnages de Tụ-long en passant par le hameau de Bán-kha : 1 jour. — de ce lieu en traversant la mine de cuivre jusqu'au poste de Tụ-long : 1 jour, soit au total : 4 jours.

« Depuis le jour où Hoàng-văn-Đồng avait donné l'ordre à tous les habitants de se retirer dans les gorges des montagnes, la grand'route qui passait par Mang-đồng n'étant plus entretenue fut envahie par les broussailles. C'est pourquoi les gens d'aujourd'hui l'empruntent rarement et préfèrent passer par Bình-ri. De Hà-giang en remontant à pied vers les hameaux de lảng Mi 䋻, lảng Hợp 合, lảng Tha 他, dépendant du territoire de Phương-độ, le pays est entièrement constitué par des montagnes de terre végétale, il y a beaucoup de rizières en terrain

---

(1) Les agents du Chẩn-quan.

(2) Au début de son chapitre sur la province de Tuyên-quang consacré aux généralités, outre les trois mines ci-dessus, LÊ-QUI-ĐÔN cite encore, pour le territoire de Tụ-long les trois mines d'argent de Long-sinh 龍生, Thủy-động 水洞, Minh-chiếu 明朝 et la mine d'argent de Đà-gia 陀伽 « dont il a entendu parler par les Thổ » Il ne cite pas la mine de zinc de Duyên-xưởng dont il est tant question dans les opérations de délimitation ni les mines de charbon.

(3) Dans les tableaux d'étapes des géographies actuelles, le poste de Bắc-bảo 北堡 se trouve substitué à la bourgade de Bình-ri comme gîte d'étape. Ce poste de Bắc-bảo se trouve actuellement en Chine. Son nom a été conservé sur nos cartes. La route de ce poste à Tụ-long est parfaitement indiquée sur la carte au 1/100.000. Elle ne pouvait de toute évidence parcourir que des territoires entièrement annamites.

plat. Les deux hameaux de Khao-hạ et Khao-thượng 窖下, 窖上, sont les lieux où Hoàng-văn-Đồng conservait ses richesses (1). Le hameau de Thiều-làng 少廊 possède un assez grand nombre de maisons des deux côtés de la route, puis on rencontre le gué du ruisseau de Sâm-Mộc 杉木. Les eaux de ce ruisseau sont malsaines. Dans le territoire du hameau de Na-Thậm 那甚 il y a beaucoup de montagnes de terre végétale, peu de rizières en terrain uni. Ce hameau possède également quelques rues. Après avoir dépassé ce hameau, on traverse trois chaînes de montagnes par des sentiers difficiles et dangereux, et des défilés très étroits. L'agglomération de Phương-độ qui commande la passe de même nom est enserrée par un cours d'eau; c'est un centre de perception des mandarins indigènes. Le hameau de Bắc-phẩu est composé de quelques rues ; ainsi que le hameau de Bán-quân 半均, il est situé dans une région très montagneuse assez pauvre en rizières.

« Après avoir traversé les montagnes de Biều-lộ 瓢路, puis être passé par Nhữ-mang 茹樠, on rencontre la rivière Hoằng-giang 弘江, dont les eaux sont rouges. Bình-ri où l'on arrive ensuite est une agglomération possédant également quelques rues et où se trouve une perception. Jusqu'à l'agglomération de Bán-kha, ce n'est ensuite qu'une suite ininterrompue de montagnes. Arrivé à Nhữ-ngựa 茹馭, on se trouve sur le territoire de Tụ-long ; en passant par les charbonnages et le hameau de Bán-gia 半加, on arrive facilement à la mine de cuivre.

Itinéraire par voie de terre du chef-lieu à Tụ-long par la rivière de Yên-long 安龍 (Rivière Claire), en passant par le village de Yên-quảng 安廣.

« Du village de Y-la 綺羅 (2) jusqu'au village de Lương-quán 琅舘 en passant par le canton de Trình-lương 呈琅 : 1 jour — en prenant vers la gauche et passant par les villages de Khang-nẫm 康稔 et Lịch-hạ 歷下 jusqu'au village de Nhân-mục 仁睦 (3) : 1 jour — passant, en remontant, par les villages de Lạc-thượng 洛上 et Trình-kì 呈奇, puis prenant vers la droite et traversant les villages de Thủy-gia 水嘉 et Lâm-đường 林塘, suivant les rives du Yên-long, traversant le ruisseau de Cò 鸛 jusqu'au village de Phúc-tuy 福綏 (4) : 1 jour — passant par les hameaux de Vĩnh-gia 永嘉, Đồng-làng 同廊, Trình-giảo 呈教 jusqu'au village de Mục-hà

(1) Entreposait ses marchandises ?
(2) Faubourg de Tuyên-quang.
(3) Bác-mục des cartes ?
(4) Vinh-tuy actuel ?

穆河 1 jour — jusqu'au village de Hữu-dụng 有用 : 1 jour — jusqu'au village de Yên-quảng 安廣 marché de Thể-đôn 軆敦 1 jour — prenant sur la droite pour passer par le hameau de Khuôn-sóng 困滂 jusqu'au poste militaire : 1 jour en prenant sur la droite jusqu'à Phì-long 肥龍 : 1 jour — jusqu'à Mã-xa 馬車 : 1 jour — jusqu'au poste de Bắc-thủy 北始 : 1/2 journée — en traversant le ruisseau de Liên 漣 puis en prenant sur la droite traversant les hameaux de Nam-xa 南車 et de Chù-ri 厨移 jusqu'au hameau de Tụ-long : 1 jour, soit au total 11 jours.

« Le marché de Thể-đôn est le carrefour des routes du sông Chảy. Aux villages de Phi-hạ 丕下 et Trình-cơ 程奇 il y a une route qui passant par Từ-hiếu 慈孝 et Chỉ-hiếu 止孝, mène à Thượng-cường 上强 en 1 jour — de ce point à Thể-đôn en passant par Quang-yên 光安, il y a encore 1 jour.

Itinéraire par voie de terre de Đại-đồng 大同 (2) à Tụ-long par la rive gauche du sông Chảy.

Partant de Đại-đồng traversant la rivière pour prendre sur la droite, passant par le village de Bình-hanh 平亨 puis traversant le ngòi Hanh : 1 jour — traversant le ngòi Cháng 壯, le ngòi Bích-đà 碧沱, puis en prenant vers la droite en passant par les villages de Bình-mục 平目, Mông-hạ 蒙下, Mông-thượng 蒙上, Hồi-dương 回陽 et Lịch-hạ 歷下, jusqu'à Nhân-mục 仁睦 : 1 jour — en remontant vers Từ-hiếu, Thượng-cường on atteint Thể-đôn.

« Autre itinéraire : de Đại-đồng jusqu'au village de Xuân-lôi 春雷 en remontant : 1 jour — en traversant le ngòi Lôi 雷 jusqu'au village de Cảm-ơn, 感恩 1 jour — passant par le village de Đồng-lượng 同量, traversant le sông Chảy, puis passant par les villages de Phủ-khu-bồ 府樞蒲 et Xuân-thiều 春韶, jusqu'au village de Tòng-lệnh 從令 : 1 jour — passages du ngòi Du 油, du ngòi Cát 吉, du ngòi Uc 郁 : 1 jour — jusqu'au village de Lâm-trường 林場 sur le bord de la rivière: 1 jour — en passant le *ngòi* Miếu 廟 jusqu'au village de Lâm-trường hạ : 1 jour — prenant sur la droite passant par le temple de Hắc-y 黑衣, les villages de Lâm-trường trung, Khang-cù 康衢, Phổ-ân 普恩, Phụ-khang 阜康 jusqu'au village de Thượng-cường : 1 jour — Par cet itinéraire, on arrive également au marché de Thể-đôn.

« Si, à Xuân-huy 春輝 on veut éviter Thể-đôn il n'y a qu'à se diriger directement sur le hameau de Ngũ-chi 五岐 et l'on arrive à

(2) D'après les anciennes cartes annamites, Đại-đồng se trouvait un peu au-dessus de Yên-bình 安平.

Hoằng-thượng 弘 上 en 1 journée — après avoir traversé deux ruisseaux jusqu'aux hameaux de Lại-làng 來, et Liễn-làng 輦 : 1 jour — jusqu'à Nam-thẩm 南 審, après avoir traversé le ruisseau de Trung-đô et en passant par le temple de Trung-đô 中 都 : 1 jour — jusqu'à Phì-nội 肥 內 : 1 jour — [à cet endroit il y a sur la droite une route qui conduit à Phì-long en 1/2 journée] passage des défilés de Mang et Na-cổ puis jusqu'au poste de Bắc-thủy : 1/2 journée. Dans la journée suivante, on arrive à Tụ-long. »

Itinéraire par voie de terre de Đại-đồng à Tụ-long par la rive droite du Sông-chảy.

« En suivant la rive droite au départ de Đại-đồng, on atteint le village de Hoàng-loan-thượng 黄 鸞 上 en 1 jour — traversée des 5 villages du canton de Mông-sơn 蒙 山 : 1 jour — traversée du canton de Cẩm-sơn : 1 jour — jusqu'au canton de Thạch-an 石 安 : 1 jour — passage de deux ruisseaux puis jusqu'à Thuần-mục 純 穆 : 1 jour — en passant par le village de Trúc-lăng 竹 陵 sur la gauche jusqu'au canton de Trúc-lâu 竹 樓 : 1 jour — passage de deux ruisseaux pour atteindre Phúc-khánh 福 慶, passage de deux nouveaux ruisseaux, traversée du canton de Lương-sơn 良 山 : 1 jour — passant par le poste de Yên-bắc 安 北, traversant le ngòi-Lự 慮 jusqu'au temple du duc de Gia-quốc 嘉 國 du village de Mai-quan 梅 關 : 1 jour — après avoir traversé le ngòi-Chảy puis jusqu'à Bắc-hấp 北 吸 : 1 jour — prenant sur la gauche et pénétrant sur le territoire du động de Sơn-yêu 山 腰 (1) du châu de Thủy-vĩ 水 尾 en passant par Kì-em 几 䗩 jusqu'à Nam-mã 南 馬 : 1 jour — jusqu'au hameau de Khề-lãng 契 浪 : 1 jour — traversant la rivière, passant par la passe de Mang jusqu'à Na-cổ 那 古 ou jusqu'au relai de Bắc-thủy : 1 jour — le jour suivant on est rendu à Tụ-long. »

Cette nomenclature si copieuse des routes desservant la région minière de Tu-long est encore un indice de l'intérêt porté à l'époque à cette région.

Les géographies actuelles ne consacrent plus que quelques lignes aux routes conduisant à Tụ-long, se bornant à en citer deux ou trois au plus, avec indication des principaux centres traversés. Dans son itinéraire de Tuyên-quang à Tụ-long par la rivière Claire, la géographie de Minh-mạnh indique comme relai d'étape après Hà-giang : le poste de Bắc-bảo actuellement en Chine : 1 jour — du poste de Bắc-

---

(1) Territoire situé entre le sông Chảy et le Fleuve Rouge au nord est de Laokay.

bảo au poste de Tụ-long : 2 jours — de ce poste à la frontière de Chine (Đồ-chú ?) : 1 jour. Dans un autre itinéraire cette géographie dit encore que du poste de Tụ-long à la stèle fixant la frontière il y a 1 journée 1/2 de marche.

Voici encore quelques notes significatives concernant le territoire de Tụ-long empruntées à « La province de Tuyên-quang » de M. le Colonel Bonifacy.

..... Toutes les richesses de cette région (Tụ-long) sont délaissées maintenant, les Chinois n'osant guère entreprendre de travaux dans ce pays annamite qu'ils ont conscience de nous avoir enlevé d'une façon frauduleuse (note 13 p. 34). »

« Les Chinois défendent actuellement l'accès des mines aux Français. En 1913, d'après les émissaires, un Japonais les aurait visitées et il aurait été question de les exploiter. On avait même parlé de les desservir par un chemin de fer, et ce chemin de fer devait dans l'idée du Japonais aboutir à Phô-lư, sur la ligne de Hanoi à Yunnansen. »

« Il résulte de renseignements recueillis en avril 1914 qu'à cette époque une cinquantaine d'hommes construisaient des cases pour cinq à six cents coolies qui devaient reprendre l'exploitation des mines sous la direction d'un Chinois nommé Y Peuko. Il est douteux qu'étant donné l'état du Yunnan, il ait été donné suite à cette entreprise (note 6 p. 69). »

Nous croyons prévenir une question en disant quelques mots sur les raisons pour lesquelles après avoir connu une pareille ère de prospérité, cette région de Tụ-long tomba dans un tel état d'abandon, que son importance échappa totalement à la vigilance des membres français de la commission de délimitation de la frontière sino-annamite en 1887.

Les troubles sanglants qui désolaient périodiquement ces riches régions ne suffiraient pas à expliquer complètement un abandon aussi prolongé, car il est établi que l'industrie minière se releva plusieurs fois de ses ruines, et il faut en chercher les causes, à notre avis, dans certaines craintes politiques plus ou moins chimériques et enfin et surtout dans la superstition. Un court historique de la question minière en An-nam, d'après les documents annamites eux-mêmes (1) suffira pensons-nous à établir le bien fondé de cette opinion.

Bien que de tous temps les Gouvernements annamites aient tiré quelques revenus de l'exploitation des mines du pays, ils se bornaient

(1) Chapitre : quốc dụng chí 國用誌 — section mines du Lịch chiều hiến chương.

à percevoir les quelques droits que les exploitants voulaient bien payer, mais sans jamais s'intéresser directement à ces entreprises ni rien faire pour en encourager le développement.

Ce ne fut qu'à partir de la période Bảo-thái (1720-1729) que le Gouvernement annamite commença à s'occuper très activement de ces richesses minières. Cet intérêt ne fit que s'accroître dans les années qui suivirent et enfin la 21e année Cảnh-hưng (1760) « considérant que depuis qu'on avait commencé à mettre les mines en valeur, il y en avait à peine une sur dix d'exploitée », on décida après délibération en Conseil de concéder aux grands dignitaires de la Cour et aux Chân-quan la direction et la surveillance (1) d'une ou deux mines, à charge par les bénéficiaires de faire exploiter ces mines par l'intermédiaire des seigneurs héréditaires et chefs de clans indigènes, au moyen de leurs ressources personnelles. Afin de stimuler le zèle des bénéficiaires, la concession perpétuelle du droit d'exploitation en régie fut promise à tous ceux qui mettraient leur mine en valeur. Mais déjà des esprits timorés et superstitieux s'effrayaient des résultats de ces initiatives. A une époque non précisée, alors que Ngô-thời-Sĩ 吳時仕, le célèbre historien annamite, était Đốc-đồng de Thái-nguyên, il avait adressé à la Cour le rapport d'un certain Bùi-sĩ-Tiêm 裴仕暹 sur « les inconvénients de la situation », inconvénients qu'il exposait comme suit : « Il n'entre pas dans les « caisses de l'Etat un dizième des redevances que devrait normalement « rapporter l'exploitation des mines, et (pour un si minime résultat) « les passages des cours d'eau et des montagnes, les chemins et sentiers « de traverse des frontières, les cols des chaînes de montagne, les « vallées et cavernes profondes, sont connus, parcourus ou occupés « par des étrangers : premier inconvénient. — Les effluves de la veine « de notre pays prennent naissance dans la région de Thái-nguyên. Or « ces gens là en creusant la terre à la recherche des filons d'or, forment « des milliers de monticules des terres extraites et font des excavations « pouvant contenir une centaine d'hommes. Quelles atteintes ne portent-« ils pas, par de pareils travaux à la veine terrestre ! deuxième inconvé-« nient. — Les Chinois conservent la queue et leur costume national. « Ils emportent dans leur pays l'argent recueilli et cet argent une fois « passé en Chine est définitivement perdu pour nous, troisième inconvénient ». En même temps qu'il adressait ce rapport Thời-Sĩ demandait qu'on adressât une lettre aux autorités des deux Quang pour protester contre la liberté que prenaient un grand nombre de Chinois de venir s'établir en Annam sans aucune autorisation et dont

(1) C'était une sorte de concession en régie.

le but était probablement de les préparer à certaines mesures envisagées. Le Seigneur Minh-vương approuva ces idées. Et en 1767, les autorités des deux Quảng n'ayant pas répondu à la lettre de la Cour d'An-nam, Ngô-thời-Sĩ et un autre mandarin du nom de Nguyễn-đình-Huân reçurent l'ordre de se rendre sur les mines de Tống-tinh 送星 avec mission « de fixer pour le mieux le statut des travailleurs chinois » c'est à dire en d'autres termes de procéder à des expulsions en masse, dans les limites qu'ils jugeraient utiles. Mais la mort de Minh-vương étant survenue alors qu'ils étaient en cours de route, les deux commissaires se bornèrent à mettre un peu d'ordre parmi les ouvriers chinois (1) à fixer les impôts et redevances et s'en retournèrent. Et l'exploitation intensive des mines dût continuer comme par le passé.

Les premiers souverains de la dynastie actuelle ne furent certainement pas inférieurs aux Trịnh comme administrateurs ni comme politiques, mais plus inféodés que les Trịnh à la culture chinoise (2) ils étaient peut-être plus portés que ces derniers à certaines croyances, et après les troubles qui désolèrent les régions minières (3), ils ne firent rien pour encourager le relèvement d'une industrie dont les travaux étaient susceptibles de porter atteinte à l'avenir de leur dynastie si nouvellement fondée. Enfin les personnes qui se sont occupées de recherches de mines n'ignorent pas que beaucoup de villages cachaient avec un soin jaloux l'emplacement des mines de leur région par crainte des événements surnaturels que pouvaient provoquer leur exploitation. Il fallait donc une volonté très forte pour vaincre ces superstitions.

Dans la partie préliminaire de son chapitre sur la province de Tuyên-quang. Lê-quí Đôn donne encore les détails suivants sur les deux villages de Đông-mông et Vô-cửu ayant autrefois appartenu au châu de Vị-xuyên et dont on a déjà vu les noms parmi la liste des territoires dont les Annamites réclamaient la restitution.

---

(1) D'après Phan-huy-Chú, les Chinois engageaient à tout instant des luttes sanglantes pour se disputer la possession des galeries de mines. Les morts étaient jetés dans les fossés. Le Gouvernement les considérant comme gens en dehors de la civilisation, se bornait à exiger d'eux le paiement des redevances et fermait les yeux sur tout le reste (H. C. Quốc dụng chí).

(2) La substitution d'un code purement chinois à l'ancien code annamite en usage sous les Lê est une preuve évidente de cet état d'esprit.

(3) Il y eut, en 1833, la grande révolte des thổ sous la conduite du chef indigène Nông-văn-Vân 儂文雲 qui s'étendit aux quatre provinces de Tuyên-quang, Thái-nguyên, Lạng-sơn et Cao-bằng, et en 1862 les bandes de Mèo révoltés mirent encore la provinces de Tuyên-quang à feu et à sang.

« Les territoires des deux villages de Đông-mông 東蒙 et Vô-cừu 無咎 du canton de Gia-tường 嘉祥 du châu de Vị-xuyên qui donnaient un cuivre rouge foncé de qualité tout à fait supérieure ont été perdus par nous et annexés par les Chinois à leur territoire depuis 80 ou 90 ans.

« Les gens du pays racontent qu'autrefois les phụ-đạo et les mandarins indigènes chinois entretenaient ensemble de bonnes relations de voisinage, et se réunissaient privément pour boire. »

« (Au cours de ces réunions) ils se targuaient mutuellement de leur habileté dans le maniement des armes, (et un jour) ils convinrent de jouer au tir à l'arc la propriété des terres qu'ils atteindraient avec leurs flèches. Les Chinois demeurant sur les montagnes (et tirant sur la plaine eurent l'avantage et) prirent ces deux villages(1). Les phụ-đạo victimes de la fourberie de leurs adversaires n'osèrent ni reprendre ces villages, ni parler (de l'aventure à l'autorité supérieure) de sorte que ces territoires furent perdus. Actuellement les Chinois exploitent ces mines de cuivre qui sont très prospères. Les noms de ces deux villages sont encore inscrits sur les tableaux des registres du cens de notre pays avec les mentions « dispersés, sans renseignements »(2)mais à aucun moment, les chân-quan ne firent d'enquête à ce sujet. On trouve encore dans les régistres fonciers du Ministère des Finances la mention suivante sur ces deux villages : « Il y a des mines d'or sur les territoires des villages de Mi-xuyên 湄川 et Đông-mông mais elles ne sont pas exploitées depuis longtemps et ne paient aucune redevance. »

(1) 彼山遂掩取之 (?)

(2) La 1re mention a pour objet de justifier les raisons pour lesquelles ces deux villages ne paient plus l'impôt : « les habitants étant dispersés. » et la deuxième de donner les raisons pour lesquelles ces habitants n'ont pas été rappelés : « parce qu'on n'a pas de renseignements sur eux ».

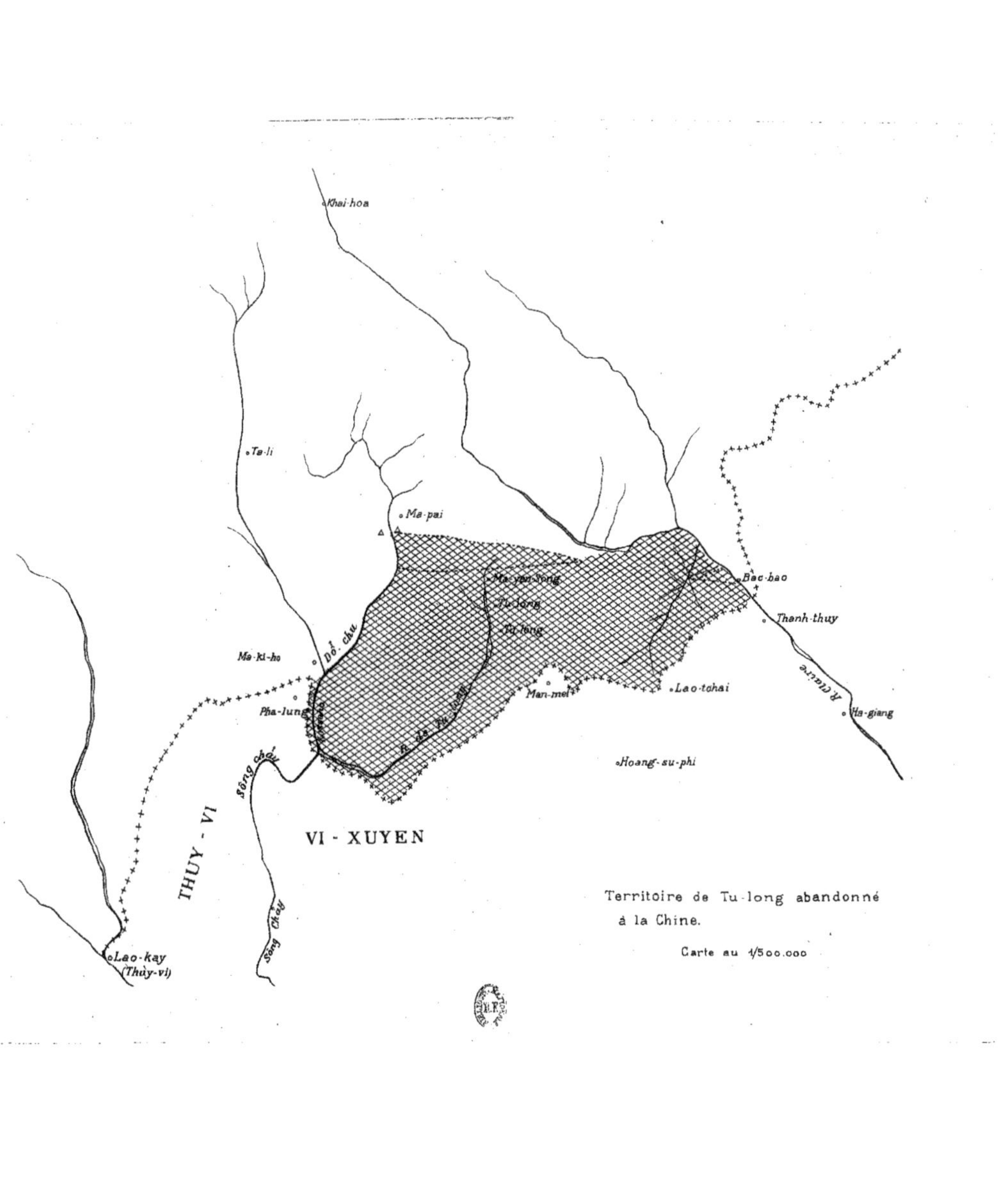

Territoire de Tu-long abandonné à la Chine.

Carte au 1/500.000

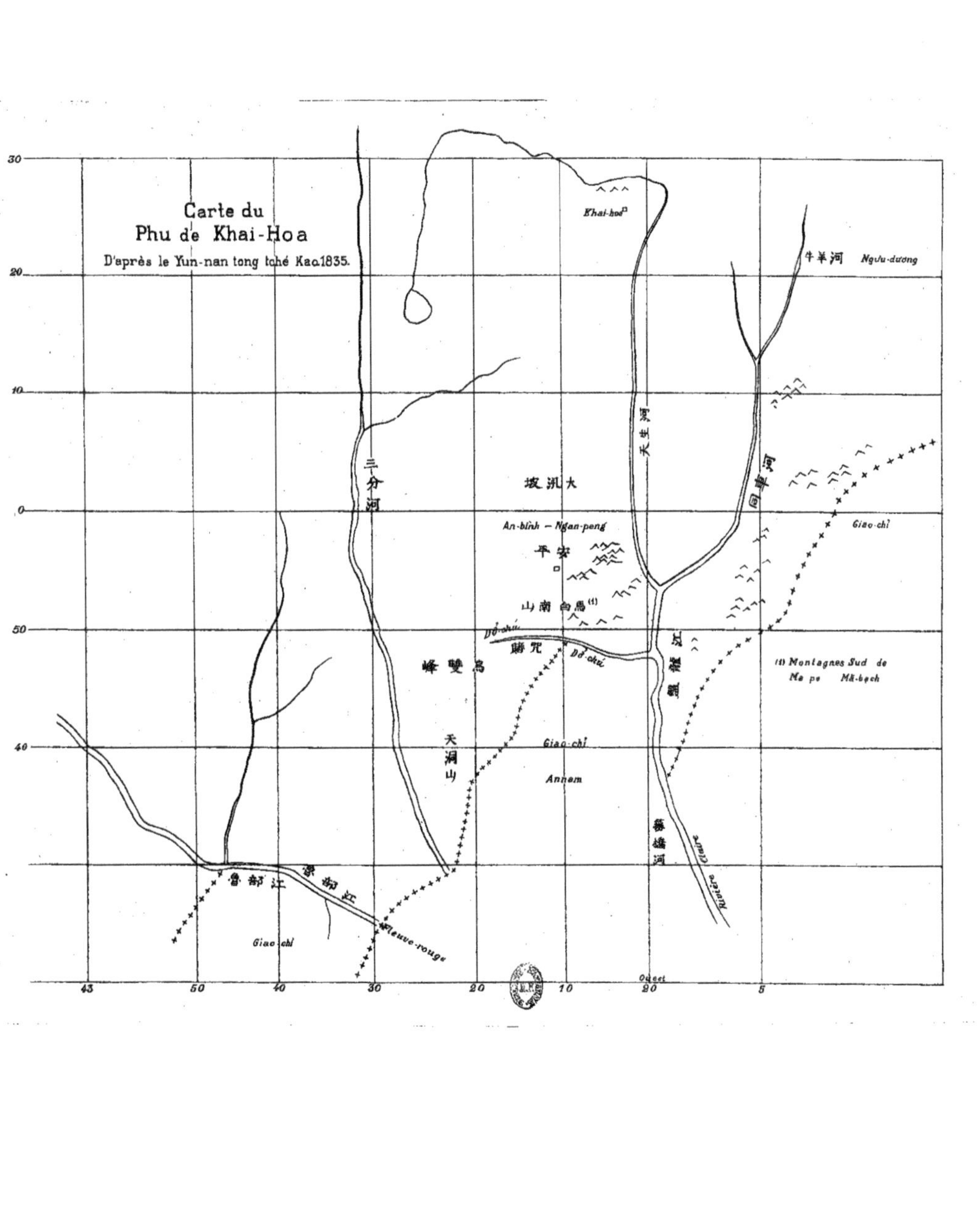

Carte du
Phu de Khai-Hoa
D'après le Yun-nan tong tché Kao 1835.
Khai-hoá
牛羊河 Ngưu-dương
三分河
天生河
同車河
大汛坡
An-bình – Ngan-peng
安平
馬白南山 (1)
Đỗ-chú
賭咒
Đỗ-chú
盤龍江
(1) Montagnes Sud de
Ma pe Mã-bạch
烏雙峰
天洞山
Giao-chỉ
Giao-chỉ
Annam
藤條河
Rivière Claire
魯部江
蒙部江
Fleuve-rouge
Giao-chỉ
30
20
10
0
50
40
43
50
40
30
20
10
20
5
Ouest

Yun-nam thong tche - 1736.

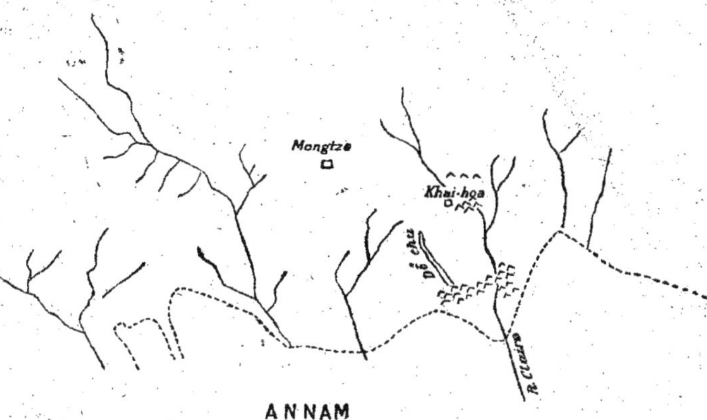

Sur cette carte le nom du Dô-chu est porté, alors que celui de la R. Claire passant par Khai-hoa ne l'est pas.

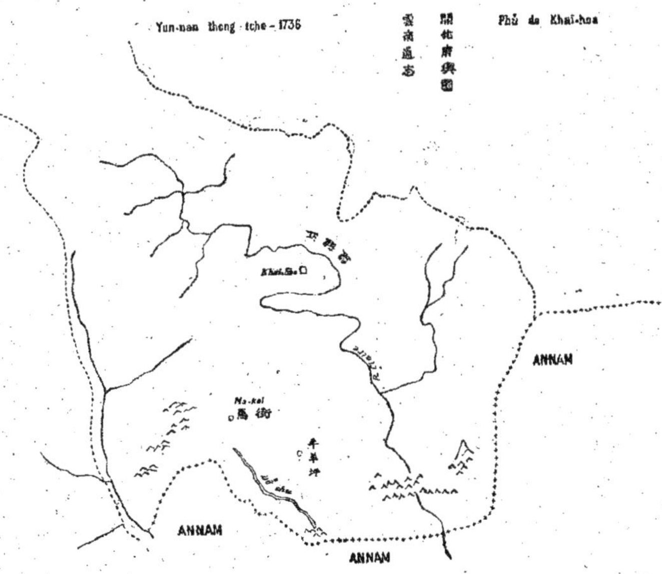

Imp. d'Extrême-Orient, Hanoi. — 6596. — 150

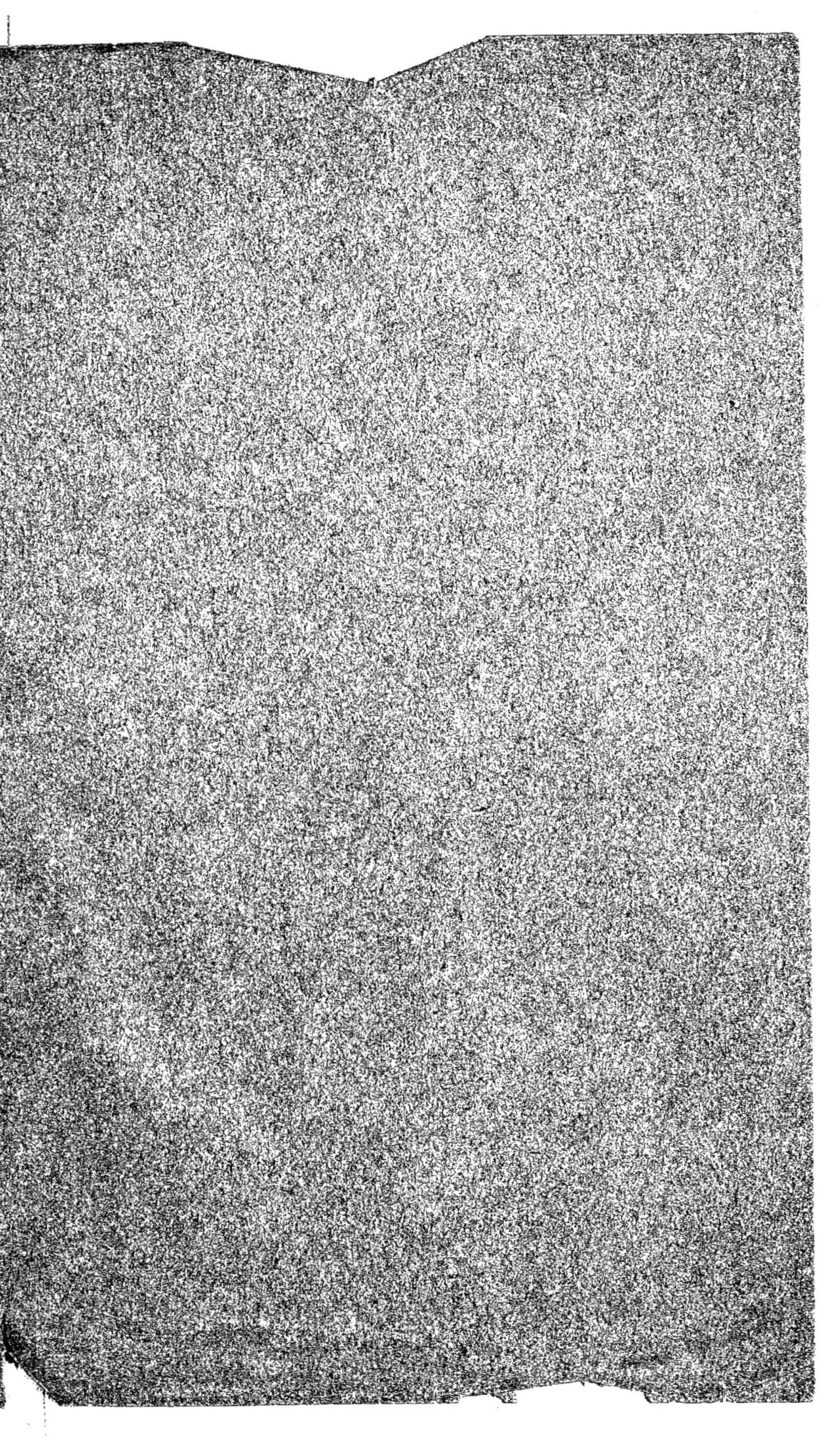

www.ingramcontent.com/pod-product-compliance
Ingram Content Group UK Ltd.
Pitfield, Milton Keynes, MK11 3LW, UK
UKHW020448180726
13839UKWH00004B/1705